日本への鎮魂譚としての外史

稲田寿太郎

産経リーブル

1908年、アメリカ「白船艦隊」来航時に戦艦三笠で催された歓迎会のプログラム

まえがき

「歴史は繰り返す」とは、古代ギリシャの歴史家ツキジデスが言った言葉だとされている。また歴史はうそをつかないともいわれてきた。さらにはドイツの哲学者ヘーゲルは、「人間が歴史を学んでわかることは、人間は歴史から何も学ばないということだけだ」と。

これに対し高坂正堯はその著『大国日本の世渡り学　国際摩擦を考える』（PHP文庫・一九九〇年）で次のように述べている。「歴史はわれわれにそのまま正確な指針を与えてくれるものではない。それも当然で歴史は繰り返すという言葉は正しくないからである。同じようにみえてもどこかがちがう」と。

私にとってはいずれも正しくていずれも正しくないように思える。それは歴史が「ゆく河の流れ」のように次から次へと絶えずして、しかも変幻自在にその姿を変えて移り行くからである。よどみ（現世）に浮かぶ泡沫《うたかた》（一時の現象）のように、現れては消え、消えては現れる幻にも似ている。しかも終わりと始まりがなく、どこから参加してもよく、またどこで終わっても良い。そこには、今この地球上に住む人（個人）の意識のみしか存在しない。たまたま歴史上の主役となった登場者も、脇役とみなされた無名の大衆によって、強制的に、あるいは暗示によって被せられた仮面や冠をつけて登場させられ、そして消えていった脇役の一人にすぎないとも言えよう。『平家物語』の一節、「おごれる人も久しからず、ただ春の夜の夢のごとし」のように。

小林秀雄著『歴史と文学』（新潮社・二〇〇三年）のなかに、「菊池寛さんと旅行していた折、菊池さんが、慶應の大学生に福沢先生はどこの生まれかと訊ねたらその学生は知らなかった。帝大の学生に、水戸学とはなんだと聞いたら答えられなかったと、いかにも残念そうに話された。僕もかつては、まさしくそういう大学生であった」とあるように。

いつかは果てると思われているものの、それが何時かは分からない時間の流れの中で、いつ生まれ、いつ死ぬかも分からない人間の仕業（泡沫）の集大成が歴史ともいえようか。

しかし、また、英雄崇拝は昔から誇張や感傷をもちつつも素直になされてきた。その分析評価や解剖による批評を超えて。東西の英雄伝説なんか全て作り話だとしても、それを率直に信じてやるほどの心の隙間にこそ歴史への参入資格が隠されているかも知れない。

数えるほどの民族、人種、部族などの小さな集いから、小さな文化が芽生え、やがて膨らんで王朝や帝国を形成し、一大文明へと発展してきた。しかし、けして永続することはなかった。生み出された文明の中のいくつかが、次世代・次世紀へと受け継がれることもあれば、存在したか、しなかったかさえ分からないほどの痕跡を残すのみであったり、全く痕跡を留めることもなく自然に、あるいは他文明によって強制的に消滅させられてきた。

ではなぜ歴史を学ぶ（知る）必要があるのだろうか。確かに過去から学べることはある。個人（私人）としてはマイ・ヒストリーやファミリー・ヒストリーとして、自分の生い立ちや一族間のつながりを確認することができ、与えられた生に託された個として、生き抜くためのきっかけ（縁）ともなる。

国家のヒストリー（日本史）は、自分が生まれた国の成り立ちと自分の属する集団の、過去から現代に至る出来事や文化の継承過程を知って、自分と国との絆を深めることもでき、以後の社会生活を意義あるものにすることもできる。

また世界のヒストリー（世界史）は、世界各国それぞれの国の成り立ちや生活習慣、外交姿勢、統治体系や国柄などを知って、今後の付き合い方（外交）の参考にもなる。日本史や世界史は、必ず学ばなければならないものであるかどうかは別にして、公人（特に国政や地方自治にたずさわる人）にとっては、より良い社会や世界を築くための幅広い知識を得るために必要といえる。簡潔に言えば、ヒットラーやムッソリーニあるいはスターリンやプーチンのような指導者（個）の出現と、無言の中にそれを許し、同調するような社会や国家の誕生を未然に防ぐための予防策（ワクチン：専守防衛策）として必要である。その世の在り様は、天災以外は、全てその世に生を受けた個人（人々ではない）の仕業なのである。少なくとも今次大戦の終戦交渉にソ連を頼りにしたり、無邪気な共産主義への憧れのようなことが起らないためにも必要である。

なお執筆に当たって、個人名への敬称は原則として省略させていただく。

目次

走馬灯のような歴史

例えば、ロシアによるクリミア半島併合やウクライナ侵略は、十八〜十九世紀前半にヨーロッパで行われていた侵略戦争の繰り返しのようなものである。一七六三年、ロシアのエカテリーナ二世は、王位継承をめぐるポーランド内紛に介入して、時のプロシャ、オーストリアと組んで三回にわたってポーランドを分割し、ついにポーランドを地球上から消滅させている。彼女の治世は、農奴制の強化によって、貴族（今日のオリガルヒに当たる）の黄金時代を築いている。プーチンによる現在のロシアの治世と似ている。

また近年では、キッシンジャー元アメリカ国務長官が高く評価して実践した、ナポレオン一世の敗北後に、メッテルニヒ考案によるヨーロッパ世界におけるパワーバランス（勢力均衡）による平和維持方策が脚光をあびた。すなわちウィーン体制をロシア対NATO関係や、日中関係などに取り入れて失敗した例もある。彼はニクソン大統領の密命で訪中し、日本を牽制する意味で「東洋版勢力均衡戦略」、すなわち「中共を支援して、台頭する日本と対等の軍事・経済力を付けさせて、極東の勢力均衡を図る」を実施した。その結果、今日の中国を出現させることになった。さらにはドイツの元首相メルケルは、ロシアをG7に加入させるように働きかけて、成功させたけれども結局失敗に終わっている。彼女が幼き頃、ロシア支配下の東ドイツで育ったことも、ロシアという国家を信じた誘因として無視できないであろう。ただし彼女は、プーチンは嫌いだったようである。

かつての欧州諸国間では確かに機能した、勢力均衡戦略（パワーバランス）や協調・穏健外交の現代版ではあったが、中・露には通じ難かったのである。キッシンジャー個人の考えによるものか、或いはアメリカの国家戦略であったかは不問にして、中・露をヨーロッパ文明（諸国間の幾度もの紛争や戦争を経てようやく得られた協調性と寛容性）圏とみなして、冷戦終結後の安定した国際情勢に適用して誤ったといえよう。戦略家としての彼にしても時代の子であったといえようか。勿論、宇野宗佑《そうすけ》や田中角栄内閣も中国を助けた。アメリカ自身も、日本と同様に「島国」であって、しかも新生の国家でもあって、ユーラシア大陸諸国間の複雑な外交経験と、国民国家を築くための宗教戦争や国政に関わる各種革命・紛争を十分に経験してこなかったことにもある。同じことが第一次世界大戦後にロシアを信じて失敗したアメリカ＝ウィルソン大統領についてもいえる。

歴史に照らしても、中・露は明らかに西ヨーロッパ文明圏外に置かれていたのである。

もちろん日本についても同様の事がいえる。

遅れて国際舞台に台頭してきた日本は特にそうである。今日大分と西洋化しつつあるけれども、日本は過去において中国（現在の中共ではない）を除いて、他のどんな国とも精神的に親密な関係をもった経験がなかった。このことが近代史を通じて国際関係、特に国家防衛政策（同盟や協商関係）における日本の立ち位置を不安定にし、国家防衛戦略においてＮＡＴＯ（北大西洋条約機構）のような、ある程度信頼のおける二国間、あるいは集団安全保障体制の構築を困難にしてきた。そのために、「同盟関係」や「協商関係」は、あくまで均衡や束の間の平穏を保つための方策（謀略とも）であって、血盟関係ではなく、従って見切りが必要であるということをなかなか理解することができなかった。

パワーバランス（勢力均衡）のうえに立った西欧的な同盟や協商は、均衡が崩れたら機能しなくなるのは当然の理である。しかし一方、文化文明の共通性に基づく結束は、必ずしも勢力均衡理論に拘束されることがない。日本はこうした国家間の関係を、対中華関係以外に見出すことができなかった。それがサミュエル・ハンチントンの言う日本文明の特徴であり、日本の世界観への限界でもあった。日本は、いずれの陣営にも適応できるけれども、いずれの陣営からも受け入れてもらえない状況も覚悟しなければならない。

日本が太平洋戦争を避けるために構築した、ドイツ・イタリアとの三国同盟関係もそうであり、日英同盟、日露不可侵条約なども、当初から同床異夢の形式的な張子の虎であったことを十分に理解することできなかった。日本だけが、血盟関係的にそれを捉え、またそうでありたいと信じた。そのために背負わなくてもよい重荷を、自ら背負うことになった。文化文明の違いであるとはいえ、日本のいじらしさは可哀想なほどである。「島国の悲哀」としてかたづけるにはあまりにも忍びない。ただし日英同盟に限っては、両者の利害関係が一致していたことと、同じ島国としての地政学的な共通性もあってかなり機能したといえる。

イスラエル対ハマスの戦いも、十一世紀~十五世紀にかけて戦われた、エルサレムの聖墳墓奪還をめぐる、イスラム教世界対キリスト教世界の代理戦争（十字軍遠征）の様相を見せている。過去の歴史を通じても、パレスチナにおける両者の共存は長続きを期待することはできない。しかし最も悪い現状よりは例え短期間であろうと、「二者共存」の解決が望ましいことだけは確かであろう。だがユダヤ人の経験した苦難の歴史と、将来への不安を思うとき、共存は問題の先送りでしかないことはわかりきったことである。

このように文明の衝突は、善悪や黒白の判断が付けにくい。そのために多少とも歴史に関わることで、せめて個人における考え（意見）をまとめ、個人としてできるだけ最悪の判決（審判）に与しない世論形成に貢献できるようにしたいものである。私にとって歴史を学ぶということは、体幹を鍛えて日常生活において思わぬけがを防ぎ、健全な心身を保持することと同列の関係にある。また社会生活においては、その任に相応しい人物や組織を見極め、健全で安全な国家運営に資することにある。

文化と文明

人類の歴史が今日でいう文明と言えるほどの段階に達したのは、およそ紀元前五〇〇〇年~四〇〇〇年初頭であったとされている。当初においては、文明社会が原始社会と異なるのは、人類が定住して村落を構成し読み書きができることとされていた。文化と文明についての定義は様々である。特定の民族が生みだす文化のプロセスが文明であるともされた。また世界において様々な文化が発見されるにつれて、それぞれが独自のやりかたで文明化していったことがわかってきた。文化と文明はいずれも人々の生活様式一般を表していて、文明は文化を敷衍《ふえん》したものであるともいえる。さらには「文明を定義するあらゆる要素のなかで最も重要なのは宗教ではないか」ともいわれてきた。今日見直されるべき根源に在る要素であると考える。

人は自分が属する帰属領域(許容しうる文化・文明の環境)に強いシンパシー(一体感)を感じるものである。この感覚は肯定的に働くと愛国心や連帯感を呼び起こし、国家や社会・組織の進歩発展に好影響を与える。しかし否定的に働くと他国や他社会・組織への敵愾心《てきがい》を煽ったり寛容性を失わせることにもなる。これは近代文明（自由と民主主義）が目指すＤＥＩ（多様性、公平性、包摂性）とは相容れないことになる。

人は祖先、宗教、言語、習慣等を通じて自分や自分たちを意識（定義づけ）してきた。自分を確認するためには自分が誰と異なっているか、また自国を意識するには他国との違いを知ることによってなされるのが一般的である。人は哲人デカルトのように、「我思う故に我あり」よりも「対象となる相手があってはじめて我を確認し、彼ありて後に我思う」ではないのかと思えるほどである。人は対象を確認して初めて自分を意識し、また競合や問題を抱えた対象国と対峙して初めて自国を意識するのではないか。したがって文化（我）は排他性をおびやすい。けれども文明（没我）は、寛容性と普遍性をかなりの程度備えているために継続的であるといえよう。

「寛容」とはもともと宗教界において異端や異教を許すことからうまれた言葉である。西洋文明における宗教は、東洋における宗教（インド仏教：上座部仏教を除く）とは異なって排他性と唯一神（一神教）を根本理念としてきた。そのために「寛容」は根本理念（教義：教え）に相反することとしてなかなか受け入れられなかった。そのことがキリスト教やイスラム教を長期に亘って存立させた理由でもある。イスラム教やヒンドゥー教およびユダヤ教はもとより、キリスト教でさえもルターの宗教改革を経たのちも、カトリックへのレストレイション（復古運動）がおこってなかなか世俗化し難い様相を呈している。

今日においては、移民や難民などの流入による理念のゆるみからも、原典（原理）への回帰運動が興っている。反対にわが国では、東洋的な宗教への寛容の行き過ぎから、旧統一教会、オウム真理教、明覚寺問題や各種宗教法人の林立を放置したことによって、宗教本来の在り方がゆがめられてきた。寛容はけして免罪符ではない。罪を許すのであって罰を許すことではない。親鸞の「善人なおもて往生すいわんや悪人をや」の意味もそう解釈すべきであろう。

「寛容」は今日では少数意見や反対意見を許したり、言論の自由を認めるといった皮相的な意味に転嫁され、その本来の意味が見失われているように思える。私の中における「寛容」とは、キリスト教における「最後の審判」の判決に際して、人間の負った罪への許しを意味する。断じて罰を許すことではない。相手国や相手に対する単なる理解や思いやりとは違う。（僭越ながら私は仏教徒である。）

ロシア対ウクライナ問題は、古代ロシアの統一国家であったキエフ・ルーシ（封建的な諸公国の連合体）時代や、ピョートル一世（大帝）の頃の封建的治世などの大国主義へのノスタルジアの連鎖があるように感じられる。またハマス対イスラエル問題は、聖地エルサレムの争奪をめぐるユダヤ教対イスラム教の確執のみならず、十字軍（カトリシズム）対イスラム教徒の戦い（レコンキスタ：国土回復運動）の歴史にその根深い関係を感じさせている。さらには今日のアメリカと湾岸諸国関係や民主主義諸国対ＢＲＩＣＳ（ブラジル・ロシア・インド・中国・南アフリカ）間の反目は、宗教の違いだけではなく、政治体制やイデオロギー及び経済発展を絡めた文明度（世俗度）の違いによる対立をも感じさせてきている。

今日イスラム国家が連合体としてまとまった秩序を確保できないのは、未だ近代化（政治や経済の世俗化）した指導的国家を持てないことにあるのか、或いは「寛容」の対極にある教理（原理）の呪縛から抜け出せないためなのか。さらには単に原油や鉱物資源に恵まれ過ぎていたことによる世俗化（近代化）の遅れによるものなのか。しかしまたイスラム国家が連合体としてまとまった力を発揮するようになったならば、対米・中・露との関係だけでなく、世界秩序と文明の発展性（世俗化）に及ぼす影響は計り知れないであろう。

文明の興亡と衝突の略史

一般的には、古代メソポタミアが世界最古の文明の発祥の地として知られてきた。当地は現在のイラクの一部にあたり、チグリス川とユーフラテス川に挟まれてできた沖積平野である。紀元前五〇〇〇年以降、土器や日干し煉瓦などが用いられ、紀元前三〇〇〇年頃には、都市国家が成立し灌漑《かんがい》農業や楔《くさび》形文字が発達していたとされている。前二五〇〇年頃には王朝が築かれ、その勢力はエジプトのナイル川流域にまでおよぶほどの「古代オリエント世界」を形成していた。ギリシャ北方に興った、マケドニア王国のアレクサンダー大王によって吸収統一されるまで、三千年の長いあいだ西南アジアからエジプトにわたって栄えた一大文明圏であったとされる。

しかし、インドのインダス文明や中国の黄河・長江文明、エジプト文明、アンデス文明なども紀元前の相当古い時期に興っていて、今日では世界最古の文明を特定することにはたいして意味がないとされている。

メソポタミアにおいては、紀元前五五〇年頃、アケメネス朝ペルシャ（イラン系）が当地のバビロニアにあった新バビロニア（カルディア王国とも）を滅ぼし、メソポタミアを含むオリエント全域を領土とする大帝国を築いたとされている。

古代ローマ帝国とは、紀元前七〇〇年頃に建国され、イタリア半島中部に位置する都市国家から興って、地中海周辺全域を支配する帝国になった国々の総称をいう。正式な国号は、元老院とローマ市民とされ、後にエジプトを併合してヘレニズム文化（オリエント文化と融合したギリシャ文化）の基礎をつくった。西暦三九五年、東・西に分裂し、同四七六年、西ローマ皇帝の廃位をもって滅んだとされる。

紀元前三三六～三二三年、ギリシャ北方に占位したマケドニア王国のアレクサンダー大王が、中央アジアからエジプトにわたって形成されていた前記「古代オリエント世界」を崩壊させて大帝国を創建した。「古代オリエント世界」は、紀元前三〇〇〇年～前三〇〇年頃、現在のイラン、イラク、シリア、トルコ、レバノン、ヨルダン、イスラエル、サウジアラビア、エジプトにまたがる諸民族や人種が入り混じった地域で、東西の諸文明に大きな影響を及ぼしていた。

近年においても度々この地域が周辺世界の緊張をまねいている。因みに「オリエント」

とは、ラテン語で「日の昇るところ」を意味している。その語感には、奇しくも聖徳太子が遣隋使に託した書に見える「日出処《ひいずるところ》の天子」と共通した感覚と憧れが感じられ、オクシデント（日没の地）への対抗意識が込められているようでもある。オリエント世界がギリシャの東方に位置したところから生まれた言葉であろう。

紀元前二四七～後二二四年、中国では前漢の時代には、イラン系遊牧民族が建てたパルティア王国（中国の史書では「安息」と記されている）が、現在のイラク、トルコ東部、イラン、トルクメニスタン、アフガニスタン西部、パキスタン西部を支配していた。その後、古代ローマ帝国と争うことになるが、前二二六年頃、ササン朝ペルシャ（イランの王朝）によって滅ばされる。そのササン朝ペルシャもまたアラブ人によって滅ぼされることになる。

メソポタミア文明は、アレクサンダー大王の出現の後、ギリシャ系国家に支配されるが、その後ササン朝ペルシャに取って代わられて、ペルシャ帝国（イラン人）の文化的要素が強くなってイスラム化していくことになる。

紀元後の西洋と東洋の関係略史

紀元後、東洋（中国大陸）では、漢の時代から南北朝を経て唐の時代へと変遷していく。オリエントでは、ウマイヤ朝（初期イスラム国家）からアッバース朝（アッバース家）へと移り、七五六年、ウマイヤ家のアブドゥル・ラフマーン一世（スペインではアブデラマン一世）が一族虐殺の難を逃れてスペインに逃亡し、イベリア半島のコルドバに政権（後ウマイヤ朝）を樹立する。その後、分裂王国となって一四七九年、イザベル一世とフェルナント二世が結婚してイスパニア王国が創建される。

一五一六年：スペイン＝ハプスブルク朝が始まる。一五一九年には、カルロス一世（カール五世）の治世が「神聖ローマ帝国」として認められ、フェリペ二世のころには「太陽の没することなき帝国」とまで評され、ポルトガル王をも兼ねることになっていよいよ大航海時代への幕開けとなる。

東アジアにおいては、九世紀後半にトルコ系ウイグル人がオアシス国家に定着し、トルキスタン（トルコ人の地）が成立する。トルキスタンは、現在の中国新疆ウイグル自治区、カザフスタン、キルギス、タジキスタン、ウズベキスタン、トルクメニスタンなどを含む中央アジア地域を含んでいた。

近代以前（ヨーロッパでは十六世紀以前）においては、ヨーロッパの国々も未だ十分に近代化されたとはいえない発展途上の段階にあった。この頃ヨーロッパに勝る文明を築いていたのがイスラム国家であった。それはオスマン・トルコ帝国であり、ペルシャ帝国及びインドのムガール帝国であった。これらの国家は十八世紀初頭までバルカン半島から東アフリカ及び東南アジアに至る広大なイスラム圏を築いていた。

また、ユーラシア大陸東部（中国）では、五代十国を経て北宋・南宋時代から、蒙古人に支配された元帝国、漢人統治の明朝がそれぞれ興亡する。中国がモンゴル人によって支配された元の時代になった一二七五年、イタリア人のマルコ・ポーロが大都（北京）に来て元帝国初代皇帝フビライ・ハンと接見し、ローマ教皇グレゴリウス十世からの信任状を手渡したとされている。彼の東方見聞の口述書『東方見聞録』によって東洋の情報がヨーロッパに紹介されたといわれているが、すぐに東西の交流が始まることはなかった。

それから七十一年後の一三四六年、北アフリカの先住民族ベルベル系の旅行家イブン・バトウタが、中央アジア、インド、東南アジア経由で大都（北京）に到達する。彼の口述の回想記『都市の珍奇さと旅路の異聞に興味をもつ人々への贈り物』（一般に『リフラ』と呼ばれている）は、さらに精細にわたって東洋世界をヨーロッパに紹介することになった。

その結果スペイン、ポルトガル、オランダ、イギリス、フランスなどのヨーロッパの先進国家（後の西欧列強）による東洋諸国への侵蝕・侵略が始まるのである。その先がけとなったのが、一四九四年にスペインとポルトガル間に結ばれた「トルデシリャス条約」である。その内容は地球の西経四十六度三十七分の東側をポルトガルの、西側をスペインの活動領域とするものであった。その実、新大陸の発見や開拓に応じて二国間で切り取り自由とするものであった。いよいよ大航海時代へと突入していくことになる。日本においては、南北朝時代を経て戦国時代に入った頃である。

一方ヨーロッパでは、一五一七年、スペイン王カール五世の治世、修道僧ルターが、ローマ教皇庁の腐敗を糾弾する「九十五カ条の提題」と呼ばれている文書を発表した。これは「免罪符」（高位の聖職者が下位の信徒の罪を許すことができる証明書）を売って、ローマのサン・ピエトロ大聖堂建立のための資金を調達していた教皇庁を糾弾するものであった。このことがカトリックとプロテスタント両派の衝突を招き宗教戦争や諸制度改革（三十年戦争）の端緒となったのである。

西洋列強の東洋関係略史

一四九八年、ポルトガル人バスコ・ダ・ガマが、インド南西部の港町カリカット（現コジコーデ）を訪れ、以後ポルトガルが進出し、ゴアを拠点としてインドとの交易を開始する。次いでマレー半島、セイロン島への進出と中国南部の広東湾口のマカオを拠点とする極東侵蝕に着手する。その余波として一五四三年、ポルトガル船の種子島漂着に伴う鉄砲のわが国への伝来ともなる。

一五四一年：スペインのナバラ王国の貴族フランシスコ・ザビエルが布教の目的で鹿児島に上陸する。

一五五七年：ポルトガルが清国南部のマカオに進出する。

一五七一年：マゼランがスペイン艦隊を率いて南アメリカ経由フィリピン諸島を攻略しマニラを建設する。その後マニラとメキシコのアカプルコ間を結ぶ定期航路が開かれる。

一六〇〇年にはイギリスが、二年後にオランダが、次いでフランスが東洋侵略に向けて「東インド会社」を設立する。この会社は国家が援助する商社で今日の中国の大企業（例えばファーウェイ）のようなものである。

一六一九年：オランダがインドネシアのバタビア（現ジャカルタ）に貿易拠点を建設する。一六二三年には、インドネシアのアンボンにおいてオランダ守備隊がイギリス商館員を殺害する事件が発生する（アンボイナ事件）。本事件の敗北によってイギリス人はインドネシアから撤退させられた。事件以降インドネシアは、オランダのみが支配権を握ることになった。また事件はイギリスの日本（長崎）からの無通告の一時撤退の原因ともなっている。

その結果、イギリスはインド侵略に専念するようになる。インド交易の主導権は、当初ポルトガルが握っていたが、後にオランダ、イギリス、フランスが争うことになる。最終的にはイギリス対フランスの争いとなり、「カーナティック戦争」及び「ブラッシーの戦い」を経てイギリスが勝利し、インドにおけるイギリス一国の覇権が確立する。その後、イギリスは、地元インドの藩王国や王国、さらに地方政権との陰湿で無慈悲な戦い「マイソール戦争」、「マラータ戦争」、「シク戦争」に勝利して全インドの植民地化に成功する。

イギリスは、欧州においてはオランダ・フランスと戦いつつ、東洋ではインド諸王国と戦い、さらにアメリカ新大陸においてフランスとの間でジョージ王戦争、フレンチ・アンド・インディアン戦争を戦って勝利し、北アメリカの大半を植民地化することに成功する。これによってイギリス領の植民地は全世界に及び、イギリス本土で起こっていた産業革命の波にのって、経済発展にさらに拍車がかかることになる。インドを獲得したイギリスの触手は、次の標的清王朝の中国大陸へと伸ばされることになる。

一七九三年：イギリスがマカートニー使節団を派遣して、清王朝を築いたモンゴル人の乾隆帝《けんりゅうてい》との通商交渉に臨む。ところがイギリス側は相手を文化の遅れた野蛮人とみなし、清国側は反対に相手を礼儀作法知らずの田舎者とみなして第一次通商交渉は決裂することになった。東西の文明の衝突の始まりである。

一八〇四年：マリー・ルイーズと結婚したナポレオン一世がフランスに政権を樹立し、イギリス侵攻を企ててスペイン、フランス連合艦隊をもってトラファルガー岬沖でネルソン提督率いるイギリス艦隊と戦って敗北する。しかし海戦においては敗れたが、陸上での戦いでは無敗であった。「ウルムの戦い」では、オーストリア軍を破り「三帝会戦」（アウステルリッツの戦い）でロシア、オーストリア連合軍に勝利する。その結果、一八〇六年、「神聖ローマ帝国」は消滅することになった。

神聖ローマ帝国とは、九六二年、ドイツ王オットー一世がローマ教皇から皇位を授けられて以降、ドイツ王としての皇帝によって統括された王国・公国・自由国など、大小三百五十ほどで構成された連合体であった。共同体としての神聖ローマ帝国の領域は、今日の国名で、オランダ、ベルギー、ルクセンブルク、ドイツ、スイス、オーストリア、ポーランド、イタリア北部が含まれる広大の地域に渡っていた。一八一二年、プロイセン、オーストリアと同盟を結んだナポレオン＝フランスは、ポーランド、ベルギー、オランダ、イタリアからなる大連合軍をもってロシア討伐に向かう。

ところがロシアは、得意の「焦土戦術」で相手を飢えさせて撤退させる。因みに焦土戦術は、中国の古代王朝も得意としていた。広大な大陸国家にはうってつけの戦術である。日本遠征におけるナポレオン軍の敗北の主因は、長途遠征に伴うロジスティクス（後方支援：補給支援システム）の弱点と過多の混成部隊編成による指揮統制の限界にあったとされている。一八一五年、十五年間の長きに及んだ戦争は終結する。

戦いの全般を通していえることは、ナポレオンが軍事力を重視し過ぎて、外交を軽視したことと、海軍力の活用への配慮に欠けていたことがあげられる。

特筆すべきは、十八世紀中におこなわれていた長期に亘る数々の戦争の期間中、イギリスとフランスは、一度も同盟関係を結ばなかったということである。この間イギリスは戦争で多忙なフランスをしりめに着々と自国の発展に力を注いでいた。手工業から機械工業化へと近代化を進めていたのである。この政策が産業革命へと繋がり、引いては欧州諸国の帝国主義化への道を開き、イギリス、フランス、ロシア、ドイツによる海外植民地獲得競争へと駆り立て、スペインとポルトガルが交わした「トルデシリャス条約」に始まる大航海時代の再来となったのである。

一八一六年：イギリスは、再度特派使節を清国に派遣するが、清側の求める「三跪九叩頭《さんききゅうこうとう》の礼」（三回ひざまずいて、そのつど三回ずつ頭を地面にこすり付けて平伏する）を拒否したためにまたもや交渉は決裂する。西洋と東洋の文明の違いによる外交が衝突した初めての典型的な事例である。清側からすれば、当時の中華秩序に則った対外交易制度（冊封や朝貢）に基づく方式は当然なことであり、イギリス側としては交易は力関係によるか、悪くても対等であるべきとして自国の作法（文化：イギリス側にとっては文明）に倣わせようとして衝突したのである。

そうこうしているうちに、儀礼や正式な条約に関係なしに商人たちの間で取引がはじまり、イギリス東インド会社がインド産のアヘンを清国に密輸して国内で売りさばくようになった。その結果、清国内でアヘン患者が増えアヘンの輸入が激増して、清国の巨額の銀がイギリス側に流出することになった。そのために清国経済は破壊され、アヘン中毒者も激増することになった。こうした状況下にあって清国政府がアヘンの輸入を禁止した。するとイギリスは、陸海軍をもって厦門《あもい》、舟山《しゅうざん》群島、寧波《ねいは》を占拠し、さらに上海、鎮江なども陥落させ、遂に南京にまで迫った（第一次アヘン戦争）。清側は全ての戦いに敗北し、「南京条約」を結ばされることになる。その結果、イギリスによって上海・寧波・福州・広州などの五港を開港させられるとともに、治外法権（不平等条約）をも認めさせられ、関税自主権は認められず賠償金二千百万両をも支払わされることになった。

一八五六年：イギリス綿布の清国輸出拡大を目指していたイギリスは、儒教の教えに反するとして宣教師を殺害されたフランスと共同して出兵し、広東を占領して天津にまで迫った（アロー戦争）。後のわが国の生麦事件に伴う薩英戦争の清国版ともいえるものである。清国はまたも敗北し、イギリス・フランス・アメリカとの間に「天津条約」を結ばされる。さらにイギリス、フランス、ロシアとの間に「北京条約」をも結ばされる。いずれも清側にとって不利な不平等条約であった。その結果イギリスによるアヘン貿易が公認され、外国公使の北京駐在をも認めさせられ、外国人の国内旅行の自由、ロシアへの沿海州の割譲、賠償金八百万両を支払わされることになった。

ここで注目されるのは西洋列強の東洋諸国に対する理不尽な行為だけではなく、戦争の当事者ではなく戦争とは無関係で局外にあったアメリカやロシアまでが、戦勝条約に便乗介入して利権を得ていることである。ヨーロッパ世界では互いに覇権争いをしていた列強諸国が東洋諸国に対しては一致協力して対応してくることがわかる。このことは今次大戦の終末期に秘かに行われたヤルタ会談なども同様であり、しかも日本との戦いの当事国であった国民政府の代表蔣介石は会談に除外されているのである。また大戦後に東京で行われた極東国際軍事裁判（東京裁判）においても、西洋諸国は一致連携して自分たちの都合に合わせて日本を裁断したこともそうである。ただしインド代表判事のみはこれに反対を唱えている。

これらのことから、インドは一応アジア国家ということになろうか。S・ハンチントンがその著書『文明の衝突と二十一世紀の日本』（鈴木主税訳　集英社・二〇〇〇年）で述べているように、「人は、祖先、宗教、言語、価値観、習慣、制度によって自分を定義する。国家は、文化的に似ている他国からの脅威よりも文化的に異なる国からの脅威をより強く意識しがちだ。ほとんどの文明は、家族のようなものだ。それを構成する国々はそのなかでは互いに争っていても部外者に対しては団結する」は正しいといえる。

日清戦争後、戦争の当事者でもないロシア、ドイツ、フランスの「三国干渉」にあって満洲の権益を失った日本は、次の日露戦争をロシアと対等に戦うことによって、彼らヨーロッパ列強に十年も遅れてようやく満洲に進出する権利を与えられたのである。この十年間の遅れによる焦りがその後の日本の満洲政策に大きく影響し、そのことがさらに日清関係をも誤らせ、一貫性のない東亜政策に終始したことは否定できない。

一方アメリカも、日本同様に中国問題に遅れて参入してきたために、日本以上に焦りがあった。それまでアメリカは長期間イギリスの植民地となっていた。しかし宗主国イギリスの理不尽な植民地政策に不満をもち、「ボストン虐殺事件（イギリス軍とアメリカ市民との衝突）」や「ボストン茶会事件（ボストン港のイギリス船から数百個の茶箱が海へ投げ捨てられる）」などの市民による反対運動を経てようやく一七七六年、独立を宣言してイギリスに立ち向かったのである。

戦いはフランス、スペイン、オランダが合衆国側について参戦、さらにロシアが中心となってオーストリア、プロイセン、スウェーデン、デンマークが武装中立同盟を結成して事実上合衆国に味方した。これは当時イギリスの国力隆盛（独り勝ち）によって、ヨーロッパ世界の勢力均衡が破れることを警戒したヨーロッパ諸国の反応でもあった。イギリスは、ヨーロッパにおいて孤立することになって敗北する。一七八三年九月のパリ条約でアメリカ十三州の独立が認められる。これによりフランスは、西インドや西アフリカを、スペインはフロリダを手に入れることになった。しかし十八世紀末に新生の独立国家として誕生したにもかかわらずアメリカは、一八六一年、奴隷解放を掲げて国家を二分した大規模戦争（南北戦争）に突入する。

北軍が勝利して戦争が終わり、国の形が固まったところで、アメリカが植民地獲得にむけて対外（アメリカ大陸以外）に目を向けるのは、ヨーロッパから始まった大航海時代に、スペインとポルトガルが結んだ「トルデシリャス条約」の結成から二百八十年も経った後のことであった。このことが後のアメリカの強引な対外政策（外交姿勢）の一大原因である。

この新たに誕生した独立国家の海外進出が、明治維新を契機として西欧列強によって強制的に、門戸を開かれた日本の海外進出と軌を一つにしたことが、以後の二国間関係に不幸をもたらすことになるのである。

インド、東南アジア、中国大陸と侵略してきた西欧列強の津波は、いよいよ日本にも及ぼうとしていた。この間、ヨーロッパ本土では、イギリス、フランスも絡んだオーストリア大公マリア・テレジアがしかけた、オーストリア王位継承戦争（一七四〇～四八年）が戦われていた。さらには新天地アメリカ大陸における、イギリス対フランスの植民地争奪戦争も連動して戦われていた。一連の戦いは全てイギリス有利の中に終始している。

三国干渉に至る西洋列強間の関係略史

一八九五年：日清戦争後に「三国干渉」をして、日本から満洲権益を取り上げたドイツ、ロシア、フランスとイギリス、イタリアの同時代のヨーロッパにおける関係について見てみよう。

一八五三年：クリミア戦争が勃発する。この戦争は、ロシアがトルコの支配下に置かれていた正教会（東方正教会）の保護権を求めたことで始まった。これは今日でも見られるロシアの常套手段で、ロシア系住民などの保護を名目に他国を侵略する戦略であった。ロシア黒海艦隊によってトルコ艦隊が全滅させられたため、イギリスとフランスが脅威を感じた。そこで両国はただちに自国艦隊を黒海に派遣してロシアに宣戦布告する。その戦いの結果、ロシアは黒海において最強であったクリミアに所在するセバストーポリ要塞を失って撤退することになった。三年後にパリで講和条約が結ばれ、ロシアの南下政策（地中海への進出）が失敗に終わる。

それに伴いバルカン半島一帯のトルコ支配領域をめぐってロシアとオーストリアの関係

が緊張することになった。その結果、ナポレオン戦争後に続いてきたヨーロッパ世界の共存・協調体制にひびがはいり、以後のヨーロッパ情勢を不安定にした。

この海戦において海戦の戦術上注目されたことは、当時世界最強とうたわれていたイギリス艦隊が、地中海（内海）での戦いにおいては、その実力を十分に発揮できなかったということである。これは今日のアメリカ海軍空母戦闘任務群（ＣＶＢＧ）に対処する中国の戦術の参考となる。本来ＣＶＢＧの運用は、三個空母群をもってオープンシー（公海）で戦うことを目的として編制されている。三個空母群の中、一個群が攻撃し、一個群は自軍の空域全体を防衛し、他の一個群は二撃に備えて予備として運用するように計画されていた。

ところが今日中国の対米空母戦術は、ＮＬＯ（ニア・ランド・オペレーション：近海戦術）方式を採っている。すなわち第一・第二列島線を防衛ラインとして大陸を背にして散在する島嶼や大陸を対艦ミサイルや戦闘機の発射・発進基地にすることによって、数隻の米空母に対抗する戦術を採っている。これによって米空母群に対するマッシブ・アタック（大量集中攻撃：旧人海戦術）が可能となる。米空母一艦の戦闘機搭載能力は、せいぜい百機以内であり洋上ではそれ以上補充することはできない。またおびただしい数の敵機やミサイル・ドローン、さらに多数の地対艦ミサイルの飛来によって戦場は蜂の巣をつついたような混戦状態となる。すると戦闘場面における敵味方識別が困難となって、アメリカ軍の近代兵器もその能力を十分に発揮することができなくなる。このような状況下では、例え旧式であっても兵器や人員・物量の数が勝敗を決することになる。この近代的な人海戦術（物量作戦）は、中国の伝統的な戦術から導きだしたものか、或いは中国海軍の生みの親でもあるロシアのオホーツク海防衛戦術（周辺列島を楯にして同海域を占有する：聖域化）から学んだかのいずれかであろう。この戦術は、南シナ海はいうに及ばず南太平洋諸島からインド洋方面にも適用される可能性が大である。もちろん尖閣を含んだ東シナ海においてもである。

さて先の「クリミア戦争」が、ナポレオン戦争（ボナパルトによる）終結以来続いてきたヨーロッパの平和協調路線を崩壊させたことで、今度はナポレオン三世統治下のフランスが、再びヨーロッパ世界を揺るがすことになっていく。三世は、ヨーロッパを不穏にしただけでなく、その影響はアジアにも及んだ。一八五六年、イギリスと組んで清王朝との「アロー戦争」、北京への在外フランス公館設置、またインドシナのアンナンを征服する。さらに一八五八年、日本との修好通商条約も締結させ、次いでベトナムの南部コーチシナを支配し、カンボジアをも保護国とした。

こうしてフランスが再台頭するヨーロッパ世界において、一八六二年九月、プロイセン（プロシャ：後のドイツ帝国）に鉄血宰相と謳われたビスマルクが首相に就任した。彼はまずロシア（スラブ系）とオーストリア（ゲルマン系）の和解を進めた。次いでイギリスとフランスの仲を調停し、自国（プロシャ）に取り込む画策をする。さらにフランスと戦い（普仏戦争）の後には、その復讐を警戒してフランスのヨーロッパにおける孤立化を図って、他のヨーロッパ諸国と次々に同盟、密約を交わしていく。フランスの孤立化を謀った「三帝協定」（独・露・墺）をはじめ、フランスと結びやすいロシアからの攻撃に対抗するためにオーストリアとの軍事同盟「独墺同盟」を締結させた。またベルリン会議において一旦放棄された「三帝協定」を一八八一年に復活させる。

ロシア対トルコ、イギリス、フランス連合の戦い「露土戦争」後に結ばれた「ベルリン条約」の結果、地中海への進出を断念させられたロシアではあったが、不凍港を獲得する意志は依然として強固であった。ロシアの沿岸は大半が北極圏に面しているために、ロシア海軍にとって冬場に凍らない港が必要であった。フランスが北アフリカのチュニジアを保護領にしたことで、これに新興のイタリアが反発し、ドイツ、オーストリア、イタリアによる対フランス同盟「三国同盟」が結ばれる。ビスマルクは、ロシアがフランスに接近するのを防ぐとともに、イタリアを引き込んでヨーロッパ全体としてフランスを孤立化させて封じ込めるように謀った。当時フランスは災いの種であり、またロシアとフランスは常に接近の可能性を秘めていた。今日においてもこの傾向はある。

ビスマルクのドイツは、南太平洋に進出し、ニューギニア北東部、南西太平洋諸島を保護領とする。同諸島は後にビスマルク諸島と名付けられた。こうしたビスマルクによるヨーロッパ世界の同盟、協定、密約による安定状態も年に一度は崩壊するといわれたようにけして長続きするものではなかった。一八九〇年三月の炭坑ストライキ発生に伴う労働争議運動の対処方針などで、ヴィルヘルム二世と対立してビスマルクは身を引くことになる。

しかし常にフランスを警戒した彼であっても、植民地政策においては、ドイツとフランスの提携を進めている。すなわちヨーロッパ世界以外の他の地域（異文化地域）では互いに協調したのである。このことは文明の衝突（西洋対東洋）といった観点から特に日本やアジア諸国が留意しなければならないことである。

さらに日本にとって厄介なことは、かつて東アジア地域において「中華秩序」を形成した諸国との付き合い方にも注意を払わなければならない。なぜなら日本は当時唯一中華秩序（パックスシニカ：中国一強の世界）に与せずに独自文化を打ち立てていた国であったからである。S・ハンチントンもその著書『文明の衝突と21世紀の日本』の中で日本異文化論として指摘している。「ほとんどの文明は家族のようなものだ。それを構成する国々は互いに争っていても圏外者に対しては団結する。日本は家族を持たない文明である。近代化の頂点に達しながらも西欧化しなかった。非西欧的なものを維持し、今後も維持しつづけるだろう。それ故に日本がなんらかの危機に見舞われた場合、日本に文化的なアイデンティティ（ノスタルジア：筆者注）を感じるという理由で、他の国が支援してくれることを当てにすることはできない」と。多少悲観的ともいえるこの冷徹な観察は、正確に的を射ていると受け止めるべきであろう。この所見が正に日本の裸の姿であり、逆説的に日本人が日本国や日本文化にアイデンティティを感じる源泉もそこにあるのではないか。そここそ過去における右翼思想や左翼思想、或いは中華文化や西洋文化に晒されても消滅しなかった日本文化の礎があるのではないか。それは尊いものではあるが漠としていて、包容力や寛容性に優れているが故に、他文化の色に染まり変貌しやすいものでもある。そのために「国のかたち」として固めるには、外圧を必要とする。遠く「白村江《はくそんこう》の戦」や「刀伊の入寇」、「元寇」そして幕末の「黒船来襲」のような外圧である。

一方新生のアメリカも、未だ文化文明的に固まった国家ではなく日本についての理解は、西欧列強からの情報源によることが多かった。このことが後の日米競合の原因となって両国の反目と衝突につながって大東亜戦争（太平洋戦争）へと導かれていく要因でもある。アメリカは日本同様に、ある意味島嶼国家（島国）でありヨーロッパ諸国のように複雑な外交への経験が浅かった。そのために大陸国家として、幾多の戦いと調停の苦難を乗り越えてようやく国際協調の大切さを悟ってきたヨーロッパ諸国と異なって、寛容性と協調性に欠けていた。こうしたアメリカの満洲権益参入などに絡む我がままな要求や介入は、日本やロシアだけでなくヨーロッパ列強にとっても歓迎されるものではなかった。わけても中国に圧倒的な既存の権益を有するイギリスにしてもそうであった。

この情勢は初期における日本の満洲政策にとっては好都合であった。もし日本が清国や満洲に関わる当時の各国の思惑を十分に把握できていたなら、まずイギリスと組んでアメリカを牽制しつつ、ロシアの南下政策を封じ、ロシアとはアメリカを牽制する条件で協力を約し、蔣介石とは西洋列強の貪欲さと横暴を説いて満洲の共同開発（王道楽土や五族協和）を持ちかけて連携を図るべきであった。ウィルソン大統領治世下のアメリカ政府が最も危惧したのは、日本と蔣介石が結託することと「日英同盟」であったと推測する。

しかし西南戦争によって西郷隆盛とともに武士階層のもっていた文化とその精神を失っ

ていた当時の日本（日本にとっては、ルターの宗教改革にも匹敵するほどの精神文化のインパクト）は、西洋文明の皮相的な部分に惑わされて大局を見失ってしまう。その結果、その反省から排外主義（島国根性：攘夷思想）や復古神道などが芽生え、国民もそのムードに流されて、従来の義に厚く節度ある国柄（伝統）を見失ってしまう。たらればは歴史の禁句といわれるけれども、もし日本と清国が日清戦争後の下関条約において西欧文明（オクシデンタル）対東洋文明（オリエンタル）の対比、すなわち「日いずる国」としてのプライドと、加えて、モンゴロイドとしての日本人と満洲人（清）や漢人といった文化的観点を共有することができていたなら、日本の掲げた「大東亜共栄圏」や「五族協和」などの構想もけして夢物語とはならなかったであろう。

清王朝を建国した満洲族発祥の地であった満洲は、長期に亘って漢民族の流入を禁じる「封禁政策」が採られていた。しかしイギリス、フランスと清の戦い「アロー戦争」後には解放されてイギリス、ドイツ、ロシアを含むヨーロッパの数カ国が、日清戦争の始まる三十八年も前からすでに満洲に進出していた。イギリスは主として鉄道建設などの経済的進出を目指していたが、南進するロシアは鉄道建設のみならず領土化（植民地化）に強い関心をもっていた。

そのために大分と遅れて進出した日本は、当初、対ロシアの南下政策への国防上の緩衝地帯として満洲に着目した。イギリスはまずロシアを牽制するために、日本と日英同盟を結んでこれに対抗する。しかし日露戦争後のポーツマス条約締結後もロシアはこの地域に居座っていた。そのために日本の起こした満洲事変や満洲国建設に際して、イギリスは日本を強く非難する外交姿勢を取れなかったのである。

そのことはリットン報告書の内容にもうかがえる。満洲事変から満蒙開拓青少年義勇軍編制の閣議決定に至る、一九三一年〜三六年の間における、関東州を含む満洲在留外国人の各年度別平均人口は、概ね次の通りである。「日本人を除いておよそ四十八万五千人であった。内訳はロシア人（白系ロシア人を含む）が最も多く約八万一千人、ポーランド人約千百人、イギリス人とドイツ人が約五百人、フランス人とチェコ人が約百七十人、その他イタリア、オランダ、デンマーク人がそれぞれ約五〜八十人となっている」（梶居佳広著「イギリスからみた日本の満州支配」『立命館法學』立命館大学法学会編を参考）。その他中国人だけでなく朝鮮族、モンゴル人、満洲人、ツングース系人などが住み着いて人種の坩堝《るつぼ》化の状況を呈していたのである。満洲は日本人が入植する以前からすでに人種的に国際化されていたのである。しかし、治安の確保は十分ではなかった。

日露関係略史

一六九七年：日本人の漂流民伝兵衛が、ロシア人で初めてカムチャッカ半島を訪れたウラジミール・アトラソフとともにロシアを訪れ、同地で日本語を教えたとされる。

一七〇六年：ロシアがカムチャッカ半島を占領する。

一七一一年：イワン・コジレフスキーが千島列島を探険し、国後島に上陸する。

一七三九年：ビィトウス・ベーリングが派遣したマルチン・シュパンベルク隊が、仙台湾や安房国沖に接近したために、徳川幕府は沿岸防備を強化した。ペリー来航の十四年前のことで「元文の黒船」と呼ばれている。

一七六四年：女帝エカテリーナ二世がイルクーツクに日本航海学校を設置、同六八年には日本語学校を設置する。これは、強国を目指して海軍運用のための不凍港を求めた女帝の、東方進出（ウラジオストック）への布石の一環と考えられる。

一七七一年：（ロシアによるポーランド分割の一年前）、日本の歴史書に、安房国及び奄美大島にロシア船漂着すると記されている。本件は船長のベニョフスキーによって書かれた『ベニョフスキー航海記』（水口志計夫・沼田次郎編訳　平凡社・一九七〇年）の中の日本に関する部分と重なる。ベニョフスキーはハンガリー人で、ポーランド軍に志願し、ロシア軍と戦って捕虜となってカムチャッカに抑留された。一七七一年、同志と共にロシア軍艦を奪って太平洋を南下、徳島県の日和佐、鹿児島県の奄美大島、そして台湾経由ポルトガル領マカオに寄港している。日和佐沿岸には、同年五月二十八日頃に到達したが、入港を拒否され沖掛りとなっている。六月二日にここを出港し、六月九日、奄美大島の瀬戸内町伊須村付近に到達したが荒天のために付近に漂着した。記に拠れば、大砲二門を陸揚げして警戒したとのことである。この件に関し当時の奄美大島の役人芝好徳《しばこうとく》の日記によると、「明和八（一七七一）年六月、オランダ船漂着、六〜七十人が上陸し、山の木を伐ってテント小屋を建て、また石火矢（大砲）を二筒ほど撃ったので村中驚いて方々へ逃げ散った。島横目（島役人）が駆けつけたところ、脇差、鉄砲などを帯び、言葉をかけても通じなかった」と記されている（昇曙夢著『大奄美史』一九四九年、奄美社出版）。さらに航海記によると「積み込んでいた毛皮は、ほとんど腐っていた。これは我々がシナに着いた時に頼れる唯一の資源である」とあることから、カムチャッカで毛皮を大量に積み込んだようである。本事件は経世家・林子平の『海国兵団』の執筆を促したとされている。

なお同書はロシアの南下政策に対する警鐘を鳴らした内容である。このように島国日本の国家防衛方策は、「白村江の海戦」（六六〇年）から今日に至るまで常に外圧を受けた後に検討されてきたのである。

一七七八年：イワン・アンチーピンが蝦夷地を訪れて通商を求めたが翌年松前藩が拒否する。

一七八三年：大黒屋光太夫がアリューシャン列島に漂着しロシア人に保護される。

一七九一年：大黒屋光太夫がエカテリーナ二世に謁見する。翌年ロシア使節ラックスマンに伴われて根室にて通商交渉をするが再度拒否されている。本件は『大黒屋光太夫』（吉村昭著　新潮文庫・二〇〇三年）に詳しい。

一七九三年：仙台藩の十六人乗り組みの若宮丸が、漂流してアリューシャン列島東部に漂着する。

一八〇四年、「露米会社」が雇ったニコライ・レザノフが乗組員とともに長崎に来航し国書を持参する。幕府が拒絶したために、レザノフは武力によって通商を求めた。「露米会社」とは、ロシアの独占的な特許植民会社でイギリスやオランダの「東インド会社」のような存在である。イルクーツクにあったシェリホフ・ゴリコフ社とアメリカ商事会社が合同した「合同アメリカ会社」で、北太平洋地域開発経営の独占的特権と陸海軍の支援が得られていた。漂流日本人を送還して対日通商許可を求めていた。一八六七年ロシアがアラスカをアメリカに売却したことから翌年同会社は解散している。

一八〇六年：レザノフの部下が樺太の松前藩番所を襲撃する（文化露寇《ろこう》と呼ばれている）。

一八一一年：千島列島探険中に国後島に上陸したバシーリ・ゴローニンが、幕吏に捕えられたために、報復として国後島の泊り沖で海運業者高田屋嘉兵衛を連れ去る（ゴローニン事件）。司馬遼太郎著『菜の花の沖』（文藝春秋・一九八二年）は本件を題材にしている。

一八一六年：日本語学校が閉鎖される。女帝エカテリーナ二世の時代、ヨーロッパにおける社交界では白テンやラッコなどの毛皮が珍重されて高価で取引されていた。そのために毛皮獲得に伴う商船や商人たちへの整備・補給基地として日本が注目されたようである。女帝の死後、ナポレオン戦争後、アレクサンドル一世の治世下においては、フィンランドとポーランドを獲得したことで不凍港が確保できたことで日本への関心が多少薄らいだとみられる。

一八五三年：ロシア使節としてプチャーチンが三隻の艦隊を率いて長崎へ来航する。

一八五八年：プチャーチンが「日露修好通商条約」を締結する。下田、箱館、長崎の開港と千島列島の択捉島と得撫島《うるつぷ》間に国境が定められる。しかし樺太（サハリン）についでは国境画定はなされなかった。

日本がヨーロッパ列強と強制的に結ばされた修好通商条約は、「安政五カ国条約」（一八五八年）といわれアメリカ総領事のT・ハリスの厳しい督促におされた江戸幕府が、米・英・仏・蘭・露と結んだ「不平等条約」である。それに対する不満が、尊王攘夷運動を激化させ安政の大獄を招き、老中井伊直弼が襲撃されることになった（桜田門外の変）。その後、不平等条約を完全に改正することができたのは、四十年後の一八九九年のことである。欧米列強によるアジア諸国に対するこうした不平等な通商関係は今日でも完全に是正されたとはいえない。

ロシアは、一八五八年の「アイグン条約」、一八六〇年の「北京条約」によって清国からアムール川北岸及び沿海州を獲得してウラジオストックを確保し、ここを軍の前線基地として設立する。しかし、当時は未だドックもなく、汽走艇の入渠修理は長崎や上海港で行っていた。満州事変後日本軍への脅威が高まったことで、一九三二年極東海軍を創設し、三年後に米海軍をも対象とした太平洋艦隊として充実させている。

一八六一年：ロシア艦隊が対馬の芋崎を占拠して永久租借を要求したが、イギリスの助け（介入）を得てかろうじて退去させることができた（ロシア軍艦対馬占領事件）。ロシア兵が短艇で大船越《おおふなこし》の瀬戸を通過しようとしたので対馬藩の警備兵が阻止するとロシア側が警備兵を射殺し、他二名を拉致し居座った事件である。ロシア側に対馬を海軍の基地として運用する狙いがあったとみられている。

一八七四年一月、樺太・千島列島交換条約において千島列島全島が日本領となり、樺太はロシア領となる。駐露公使榎本武揚とロシア外相ゴルチャコフとの折衝の結果による。

一八九一年：ロシア皇太子ニコライ二世事件発生（大津事件）。来日中の皇太子が警護に当たっていた巡査によって斬り付けられる。本事件は天皇陛下をはじめ政府や国民挙げてロシアによる報復を恐れさせた。また、日露戦争の契機になったともみられている。同年ロシアとフランスが同盟を結成し、フランスの出資でシベリア鉄道建設が始められる。フランスの親ロシア政策は伝統的なものである。

一八九五年四月：ロシアがフランス、ドイツと組んで「三国干渉」し、日本が日清戦争の結果獲得した遼東半島の利権を放棄させた。欧州列強はヨーロッパ世界では互いに争っていても他地域においては結束するのである。

一八九六年：ロシアは、清国と密約（対日秘密相互援助条約）を結んで、旅順、大連租借を皮切りにチタ～ウラジオストックを結ぶ東清鉄道敷設権を獲得する。その後さらにハルビン～旅順間の鉄道敷設権をも獲得する。特に路線を経営する中東鉄道会社はロシアの植民地国策機関であったことが戦後発覚している。李鴻章とロバノフ外相が結んでいる。もしも日露戦争で日本が負けていたなら、満洲から旅順、大連一帯がロシアの植民地となって朝鮮半島もロシアの支配下に置かれ、現在の韓国の存在はなかったであろう。

一八九八年：日露の間に「西・ローゼン協定」調印が成立する。朝鮮半島をめぐる支配権協定で、ロシアは主として満州を、日本は朝鮮半島を勢力圏とした。日本はロシアを朝鮮半島から撤退させるために協定を交わした。しかしロシアは半島への触手を緩めることはなかった。当時のロシアは、大陸においてはシベリア経由モンゴル、満洲及び朝鮮半島をうかがい、海洋にあっては沿海州から樺太（サハリン）経由北海道をうかがっていたのである。

一九〇〇年：義和団事件が勃発する。清政府の対外軟弱外交や欧米列強の傍若無人な振る舞いに対する民衆の不満の爆発に政府も加わったこの事件は、ほどなく英米露独仏伊墺日の八カ国からなる連合軍によって鎮圧される。事件が鎮圧して他の七カ国が撤退したあとも、ロシアのみが満洲に居座って占領同然の状況になった。ところが戦後判明した事実によると義和団事件の四年前、日本を仮想敵国にした清露間の相互援助同盟の密約（満洲をロシアの保護下に置く）が結ばれていたのである。モスクワにおいて、李鴻章とロシア外相のロバノフ、蔵相のウイッテ間で調印されていたのだ。これによってロシアは、日露の衝突が不可避とみて、事前に二百三高地の陣地構築や旅順港防備など十分な準備をしていたのである。李鴻章は密約を結ぶにあたってロシアから五十万ルーブルの賄賂を受け取っていたことも判明している。中国高官の売国奴的行為は伝統的なものでこれがアヘン戦争や義和団事件さらに欧米列強の介入を容易にしたともいえる。

一九〇二年：ロシアの朝鮮半島及び清国進出を牽制するために日英同盟が締結される。同年ロシアと清国の間において満洲還付に関する「露清条約」が結ばれる。しかし翌年になってロシアは撤退を中止し、朝鮮の鴨緑江河口の龍岩浦に軍事基地を建設する（龍岩浦事件）。

一九〇四年：日露戦争勃発。遂に両国は戦うことになった。ロシアの領土拡張欲求に伴う南下政策と中国と結んだ対日排除戦略は、満洲及び朝鮮半島をめぐって日本と衝突せざるを得ないほどに緊張していたのである。

一九〇七年七月：日露戦争後の両国において、特にアメリカを標的として満洲方面における両国の権益確保とその範囲を明確にするために、一回目の「日露協約」が交わされる。ロシアは外蒙古、日本は朝鮮における権益を守ることとされた。

一九一〇年七月：二回目の協約が結ばれる。アメリカ提案の南満洲鉄道（満鉄）の中立案の拒否が約される。

一九一二年七月：三回目の協約が結ばれる。孫文が主導した中国における辛亥革命（中国の独立）に対応するため、内蒙古の西部はロシア、東部は日本の権益範囲とした。

一九一六年七月：四回目の協約が結ばれる。第一次世界大戦における日・露の関係強化と第三国（特にアメリカ）の中国支配を阻止することと、極東における両国の特殊権益を守ることが約される。

「日露協約」の目的は、日本としては、日露戦争後の極東における立場（地位）の強化・向上と米英（特に新参のアメリカ）の中国進出に対抗することにあった。ロシアはヨーロッパにおいてドイツの脅威に備える必要から極東方面の安定が必要であった。

一九一七年：ロシア革命勃発。革命勃発に際して、アメリカの呼びかけによって連合軍（英・米・仏・伊・加・日）が編成され、一九一八年、共産主義拡散の脅威に対抗するためにシベリアに武力侵攻がなされる。名目上は、ロシア革命軍によってシベリアに抑留されていたチェコ軍団を救出するとされている。日本は一応アメリカの要請に応じた形をとって参戦した。日本にとっては、既成の満洲の権益を守るためには好都合だったので必要以上の軍隊を派遣し、各国が撤退した後も同方面にしばらくとどまった。そのためにアメリカから批判を受けることになる。以降満洲及び中華民国に対するお互いの政策をめぐって日・米に不協和音が生じ関係が悪化しつつ衝突の方向にむかっていく。

一九二二年十二月：ソビエト連邦（ソ連）が成立する。前年の一九二一年十一月〜翌年二月の間ワシントン会議が開かれている。

一九二四年：レーニンの死後、スターリンが政権を掌握する。

一九五一年のサンフランシスコ講和会議においてポーツマス条約によって獲得した、南部樺太（北緯五十度以南）及び千島の領有権が放棄された。ただしロシアは同条約に反対したために日露間には本条項は適用されず今日に至っている。

ロシアの略史

今日の統一ロシアの母体となったモスクワ大公国は、別名モスクワ・ルーシーとして、現在のロシア、ベラルーシ、ウクライナ、フィンランドで構成されていた。ウクライナにあったキエフ公国が、モンゴルに滅ぼされてルーシ（ロシアの意）は多くの地方（公国：小国家など）に分裂していた。そのことでウクライナ人は、モスクワ大公国はもともとキエフ・ルーシの地方政権であって本家はウクライナであると主張している。

ロシアの諸公国は、十三世紀以降、キプチャク・ハン国（モンゴル）の支配下に置かれていた（タタールの軛《くびき》）が、十四世紀になってモスクワ大公国がめざましい発展を遂げて、ハン国の支配に反抗するようになってきた。十三世紀初頭〜十四世紀にかけて勢いを拡大し、特にイワン一世は、キプチャク・ハン国（ジンギス汗の孫バトゥが建国）の助けを得て、モスクワ大公国を北東ロシア最強の国にした。十四世紀後半には、ドミトリー・ドンスコイ公が、タタール（トルコ）軍との戦いで一時的にロシアを独立させて「タタールの軛」から解放させる。その功績によってドミトリーは、「ドンスコイ（ドン河の意）」と呼ばれるようになった。日露戦争時の日本海海戦に参戦した戦艦「ドミトリー・ドンスコイ」の命名は彼の敬称である。

その後イワン三世（大帝）の世になって、ようやくキプチャク・ハン国から独立することができたのである。その後大公権が強化されて、東ロシアのほとんどの公国がモスクワ公国の支配下に置かれることになる。ピョートル一世（大帝）は、ロシアで最初の軍艦建造に着手し、ガレー船（平底船）を造船してアゾフ要塞のトルコ軍艦を粉砕した。さらにオスマントルコ帝国に備えるために、技術革新や戦術研究を進めるとともに、ヨーロッパ列強との積極的な外交を図り、対オスマン大同盟を結成する。またイングランドやオランダに滞在して、バルト海艦隊建設のためのノーハウを学んでいる。一七〇〇年、デンマーク、ポーランド、ザクセンなどと組んで、カール十二世治下のスウェーデンと戦い勝利する（北方戦争の一部）。

この時点で、ロシア皇帝の称号を使用したけれども、他のヨーロッパ諸国が激しく抗議したために認められず、正式に認められたのは、一七四〇年代に入ってからであった。大帝の死後、その孫の妃である女帝エカテリーナ二世が誕生する。女帝は、プロイセンのフリードリヒ大王と組んで大国ポーランド分割に乗り出し、一七七二年、一七九三年、一七九五年と三度にわたって分割し、共和国ポーランドを歴史から消滅させている。ポーランドはその後、紆余曲折を経て一九九〇年十二月、「連帯」(自主管理労働組合)のワレサが大統領に選出されてようやく安定した国家となる。二〇〇四年、EU(ヨーロッパ連合)に加盟し、一九九九年三月、NATO(北大西洋条約機構)に加盟している。

十八世紀初頭のロシアは、ヨーロッパ人の目からは未だアジアの専制国家(遅れた国)とみられていた。ロシア出身の文豪ドストエフスキーでさえ、「ヨーロッパでは、われわれは居候であり奴隷でもあったけれども、アジアでは主人で通じる」と言っている。ヨーロッパにおける劣等感を優越感に変えるためにも、アジアに目や足が向いたのであろう。それ故に日本、清国、朝鮮が被害を被ることになったのである。今日の習近平中国とプーチンロシアの関係は逆転しているようであり、プーチンの心必ずしも穏やかならずとみている。

日独関係略史

江戸時代、幕府は鎖国政策によってオランダ以外の欧米諸国との国交を認めなかった。しかし長崎のオランダ商館お抱えの医師として、ケッペルやシーボルトといったドイツ系の人物は存在していた。

一八六一年一月：日普修好通商条約（不平等条約）が成立したが、ドイツは未だ普（プロシャ＝プロイセン：連合国家）を名乗っていた。翌年初の駐日領事（マックス・フォン・ブラント）が着任する。

一八六八年：オランダ留学中の榎本武揚らが、ドイツのクルップ社を訪れて軍艦「開陽丸」に搭載する大砲を注文している。陸軍も日露戦争時には、多数のクルップ社製の火砲を装備していた。同年戊辰戦争が勃発する。その最中に幕府側であった会津、庄内の両藩が、北海道（蝦夷地）の所領と引き換えにプロイセン（独）から軍資金などを獲得する交渉をしていたことが判明している。両藩は、紋別、留萌などを領地として所有していた。当時、駐日プロイセン代理公使のマックス・フォン・ブラントが本国に送った外交書簡から明らかになっている。書簡によると、「戦争では一時的に新政府軍が勝利しても、東北は新政府への反感が強く全国的な統治が困難で、日本は群雄割拠の状態に陥る」と予想されている。また、「蝦夷地に確保した我々の領地を、銃で武装した軍隊の用意、または借款と引き換えに担保として与える」などとなっている。東北が新政府への反感が強いなどの情勢判断は的を射ていて、戊辰戦争が長期化していたなら、日本も清国と同じように内部から崩壊し、列強の思うままに成っていたかも知れない。国家の内部崩壊を防ぐための、野党と与党の在り方、或いは親中・親露によって国を傾ける組織や人物に対する警戒も怠ってはならない。

一八七一年：ドイツ帝国が成立する。先の日普修好通商条約は、そのまま引き継がれることになっている。ドイツ語は、オランダ語と同系列のゲルマン語派に近かったために、日本において翻訳が容易であったようである。また連合国家プロイセンから統一国家ドイツ帝国への変遷が、明治維新とほぼ同時期であったことから、日本の近代国家体制形成の参考になった。そのために軍事、法律体系、政治体制、医学などにおいて多くの影響をうけた。このことが今次大戦時の「日独同盟」締結に影響した可能性も考えられる。

一八七三年：ドイツ商船が台風にあって、宮古島沖で座礁した。これを島民が、荒れ狂う波間に小舟を出して救助し、手厚く看護して本国に送り返した。これに対してドイツ皇帝が、一八七六年に宮古島に「博愛記念碑」を建立している。

同年、岩倉使節団がビスマルク首相と面会している。彼から、国際社会が弱肉強食の原理で成立していることを教えられる。案の定、ドイツ国内では北海道を植民地化する案が計画されていたのである。初代在日ドイツ公使がビスマルク宛てに、「北海道植民地化計画」なるものを意見書として提出していた。それによると、北海道は十数隻の艦隊と五千人の上陸兵で占領可能であるとしている。

そんな中、伊藤博文は、大日本帝国憲法の作成にむけてベルリン大学の憲法学者やウィーン大学の歴史学者に師事していた。また日本陸軍は普仏戦争以後、ドイツ陸軍をモデルに戦略や兵装を整備している。さらには日本の医学界におけるドイツ医学の影響は大きく、診療カルテはドイツ語で書くことが不文律となっていた。得意げに診断書に記入する医師の側で、われわれ患者は何が書かれているか全く理解できなかった。このように功罪相半ばする日独関係であったが、ビスマルクが首相を務めていた時期は、比較的に良好な関係にあったといえよう。しかし、ビスマルクは裏で親中国政策を着々と進めていたのである。

一八八一年：ドイツ帝国憲法やドイツ文化を取り入れるという明治政府の国策によって、

「ドイツ学協会」が設立される。今日の外務省の「チャイナスクール」や「ロシアンスクール」のようなものであろう。メンバーには山縣有朋、伊藤博文、松方正義、桂太郎など多数の著名人や知識人が名を連ねている。以後の日本国家の外交・軍事戦略に大きな影響を与えることになる。後にドイツ寄りの陸軍とイギリス寄りの海軍との間における確執が生ずることになっている。

一八九四年：駐日ドイツ公使が海軍大臣西郷従道《つぐみち》に働きかけ、造船会社フルカン社との間に契約を交わすことになった。親イギリス派であった、時の海軍から、船体部分においてドイツ系会社が注文をとったのである。前記「ドイツ学協会」の影響が働いたことは間違いないだろう。また後年一九一四年に発生した山縣有朋（陸軍：ドイツ派）対山本権兵衛（海軍：イギリス派）の確執を伴う「シーメンス事件」の温床ともなった可能性についても否定できない。

一八九〇年：ヴィルヘルム二世が即位し、ビスマルクが政権から離脱させられると、ドイツの日本への姿勢が硬化する。露・仏と組んで日本に対して「三国干渉」をしてきたのである。ドイツのこの傾向は、日本に対してだけではなく対英・露・仏関係にも向けられている。ヴィルヘルム二世は、ドイツ一強を目指して海軍拡張に走り、一大建艦計画を立てて、イギリスと建艦競争をはじめるとともに海外植民地獲得に乗り出した。

一八九八年：ドイツ人宣教師が殺害されことを口実として、清国を脅し膠州《こうしゅう》湾を威力で租借する。これは今日、中国が台湾領の金門島の領海で転覆した中国漁船員の死亡を楯にとって一方的な領域変更を主張していることと似ている。

一九〇二年：ロシアの南下政策と、ドイツの中国進出とインド方面への進出を危惧したイギリスは、日本との間に「日英同盟」を結ぶ。

一九一四年：第一次世界大戦勃発。イギリスはドイツの東洋艦隊に悩まされていたことから、日本に対して、何とか支援してもらえないかと申し出をしてきた。そのさそいは、日英同盟を根拠にした強い要請ではなかった。軍部としても、当初本土防衛が手薄になることを危惧し、国民も参戦に消極的であった。しかし時の大隈重信首相が、設置したばかりの防務会議（安全保障会議）に諮ることもなく、また軍の統帥部との打ち合わせをすることもなく、要請から三十六時間のうちに参加を決定してしまった。この判断は、日清・日露戦争時に「御前会議」（天皇臨席の重要会議）を開いて慎重に審議をしたのに比べてあまりにも性急な決断であった。このいい加減な決定過程が、以後の政治と軍部の関係を悪化させ、嫌悪な風潮を招いたともいえる。

これにより、一九一四年八月二十三日、ドイツに対して宣戦布告をした。日本軍は極東に配備されたドイツ東洋艦隊を標的として、ドイツ領の南洋諸島へ進出する。ところが、英・米・仏・墺の植民地も、ドイツ植民地の近隣に所在したので、当初は、彼らとの関係悪化が懸念された。しかし、ドイツ東洋艦隊の活動が活発化してきたことによって、彼らの日本に対する懸念も払しょくされ、日・英の連合軍は、ドイツ東洋艦隊の根拠地（青島と膠州湾の要塞）を攻略することができた。海戦において、ドイツ東洋艦隊は、日本海海戦時の帝国海軍の亡霊に悩まされていたようである。青島陥落後、ドイツ兵の捕虜は、日本本土に収容された。この間ドイツ料理やお菓子などの製法が捕虜から紹介されている。ソーセージやバームクーヘンなどが作られている。このことから捕虜に対する当時の日本人の対応の一端が窺える。大戦終了後、日本は「三国干渉」で失っていた山東半島のドイツ権益やドイツ領であった南洋諸島を国際連盟委任統治領として譲り受けることになった。

第一次世界大戦後の日本とドイツとの外交関係は、消極的に経過した。しかし敗戦の裏で、ドイツは着々と中国への再進出を進めていたのである。第一次世界大戦後には、戦前ドイツの租借地であった膠州湾などが日本の手に渡らないような工作をめぐらせていた。ドイツでヒットラー率いるナチ党（国家社会主義ドイツ労働党）政権が成立するまで、日・独関係は依然として疎遠であった。ところが戦後不況や世界恐慌の影響から、日本国内に社会不安や不満が高まってきていた。そのために欧州で現状打破を華々しく掲げて台頭するナチ党への関心が深まっていくことになった。旧制高校や帝国大学の学生の間でも、ヒトラーの『我が闘争』が読まれるほどになっている。また一般大衆においても、ナチ党のシンボルマーク（かぎ十字）が、仏教の「まんじ」の印に似ているところから、ナチ党ドイツへの親近感が高まっていった。

ところが一九一九年八月に制定された、ワイマール憲法に基づく共和政体（ドイツ国）下のドイツでは、中独合作（中国との軍事・経済協力関係）によって、親中国政策が再び採用されることになった。これにより中華民国に対して、在華ドイツ軍事顧問団が中国に派遣されて、大規模な軍事訓練や武器援助が実施される。日本は日中戦争が泥沼化してきたことから、何とかこれを打開しようと対ドイツ接近を指向し、打診を試みる。しかし親中派のドイツ国防軍や外務省は当初これに乗ってこなかった。また日本でも一部政治家や海軍はこれに反対していた。

一九三三年：ドイツ陸軍参謀長ハンス・フォーン・ゼークトが上海に来て、蔣介石に対して日本一国だけを敵にして欧米列強とは親善政策を採るように進言する。また彼は日本への敵愾心を持つことが、今後中国に求められることであると蔣介石に進言し、工作機関（藍《らん》衣《い》社）を結成させ対日敵対工作を推進させてもいる。後にその効果の現れともいえる「通州虐殺事件」が、北京の通州区で勃発することになる。治安状況が悪かった中国国内情勢を改善する目的で、日本が支援して作らせた中国人による保安隊が、日本人居留民を集団虐殺した事件である。アメリカ人のジャーナリストはこの事件を「古代から現代にいたる最悪の集団虐殺として歴史にのこるだろう」と報道している。詳細は、日中関係略史の項参照。

そうこうしている中にナチ＝ドイツで、外相リーベントロップが外交主導権を握ると、日本陸軍との間に日独防共協定が結ばれる。ただし本協定は共産主義運動に対する防衛であって同盟関係ではなかった。ところが後に松岡洋右外相と陸軍が諸般の反対を押し切って軍事同盟に発展させる。

一九四〇年九月：遂に「日独伊三国同盟」が結ばれ、第二次世界大戦の枢軸国の一員として、米・英・仏・ソ・中から成る連合国と戦うことになった。日中戦争時には、かつてドイツが中華民国に提供・教示した、ドイツ製武器や反日工作活動によっておおいに悩まされることになる。また日本陸軍は捕獲したドイツ製武器をソ連製と偽って公表するはめになった。

ドイツの略史

ドイツ人とは、フランク人、ザクセン人、アレマン人、バイエルン人の四大民族から成っているとされる。ドイツ人という呼称は、ヨーロッパでは比較的に新しいほうである。四七六年に滅亡した西ローマ帝国の跡にゲルマン系のフランク人が勢力を伸ばし、フランク王国（キリスト教的なゲルマン国家）を形成する。

八〇〇年：カール一世（大帝）がローマ帝国皇帝の冠（称号）をローマ教皇から授かって「皇帝」という称号の継承者となった。これは東ローマ帝国（ビザンツ帝国）に対して西ローマ帝国の再興を意味することであった。

八四三年：フランク王国は三つに分割され、東フランク（ドイツ）、西フランク（フランス）、中部フランク（イタリア）に分離する。

八七〇年：中部フランク王国の一部がさらに東西に分割された。

九六二年：ローマ教皇がオットー一世に対して「ローマ皇帝」の冠を授けた。「ローマ皇帝」とは、称号であって権力や世襲的なものではなく、当該者の資質や実績によって授けられていた。諸侯はそれぞれ領国や自由都市を形成していて皇帝からは政治的に独立し、帝位の継承は有力諸侯の選挙によって選出されていた。ただしこの「神聖ローマ帝国」が現在のドイツであるという感覚は、当時帝国に住んだ人々はもちろん、現在のドイツ人においても希薄であろうと思われる。

一五一七年：ルターが『九十五カ条の論題』を著して、教会が贖宥状《しょくゆう》（免罪符）の販売をして教会の建設や補修に充てていたことを厳しく批判した。

一六一八年：この頃には商人と手工業者たちによる中世都市がドイツ各地に築かれていて、それぞれ帝国都市（自由都市）として一定範囲の自治権を持った都市が成立してくる。

一六一八～四八年：三十年戦争（宗教・政治・文化に絡む戦争）が終結すると、ドイツ各地にそれぞれ諸侯が分立し、自由都市や小国が独立国として権威を持つようになっていく。

一八一四～七〇年：ナポレオン戦争で、ボナパルトが敗北し、ウィーン体制（オーストリアのメッテルニヒによる露・墺・普同盟による勢力均衡政策）と呼ばれるヨーロッパの秩序体制が形成される。ナポレオンは、オーストリア帝国やプロイセン王国を「神聖ローマ帝国」から排除し、残りの諸国をライン同盟として再編した。戦争の結果、「神聖ローマ帝国」が崩壊し、ドイツ連邦が新たに形成されたのである。ナポレオン戦争においては、最終的にロシア軍がナポレオン率いるフランス軍を打倒した形になって、ロシア皇帝アレクサンドル一世が、ウィーン会議において圧倒的な存在感を示すことになっている。

一八六二年：ビスマルクがプロシャ帝国の首相となって、一八六六年のプロシャ対オーストリア戦争に勝利し、オーストリア勢力をドイツから排除する。続く普仏戦争にも勝利し、ドイツの統一を完成して一八七一年、ドイツ帝国初代宰相となる。以後三帝同盟（オーストリア、ハンガリー帝国とロシア帝国との同盟）、三国同盟（オーストリアとイタリアとの同盟）、再保障条約（ロシアとフランスを同盟させないための密約）などを駆使して、当時大国でしかも荒馬的存在であったフランスの包囲網を形成することによってフランスの暴発を牽制した。この方策によって各国の勝手な戦争の勃発を抑制することに成功した。

この方策は、一八一五年のウィーン会議において、オーストリア首相メッテルニヒが提唱した、「会議による外交によって勢力均衡（パワーバランス）を図った方策」と軌を一にするものである。後年アメリカ国務長官を務めたキッシンジャーもこの方策を評価していた。しかしこの方策は、小国を無視したことで大国間の勢力均衡には適したが全ての国家を包含する安全保障には適さない。今日の国際連合も常任理事国（国際連盟における五大国に準ずる）のわがままな拒否権行使によって機能が麻痺させられている。

そのためにNATO（北大西洋条約機構）やEU（ヨーロッパ連合）など、補助的な集団安全保障機構を形成することによって対応せざるをえなくなっている。またこうした集団保障機構も規模が大きくなるにつれて、文化文明、宗教、政治体制などの違いによって十分に機能しなくなってきている。機能させるには思想や宗教・文化などの違いをこえて、また国益・科学・経済の飽くことのない伸長・進歩・追求を犠牲にしてでも、各国のコンセンサスを築く以外に方法はないのではないか。だとすれば、それは人間（本能）否定の世を人為的に形成することに他ならない。「戦争と平和」、どちらがより人間的な生き方であって、どちらが人間的でなかったか。この問いかけが太古の昔から人類に問われてきた命題であり、今後もなお、依然として命題であり続けるであろう。

一八八八年：ヴィルヘルム二世が皇帝となり、ビスマルクとの間に対外政策や国内問題で確執が生じ、一八九〇年ビスマルクは更迭される。ビスマルク更迭の後、ヴィルヘルム二世は皇帝による専制政治（独裁）を強行し国際舞台において帝国主義の伸展（植民地獲得）に乗り出す。

まず着手したのが海軍力の増強であった。ビスマルクはどちらかというと大陸国家ドイッとしての政治を行ってきたけれども、ヴィルヘルム二世はこれを海洋国家ドイツに転換させている。すなわち大陸国家ロシアのピョートル一世が、当時のイングランドとオランダに使節団を派遣し海軍力育成に努め、ついにバルト海艦隊を編成して外洋に乗り出したように。

一八九八年：第一次艦隊法を制定し戦艦・巡洋艦を含む艦隊計画に着手する。一九〇一年、第二次建艦法で議会の抵抗を抑えて海軍拡張を推進する。これはすぐに海洋国家イギリスとの建艦競争を招くことになり対英関係を悪化させる。イギリスは海軍戦略として「二国標準主義」を採っていた。すなわち世界において海軍力で優位を確保するには、第二位と第三位の二国を併せた海軍力を上回る必要があるというものだ。一九〇五年以降、それまで二位であったフランスが伸び悩み、ロシアも日本に破れ、代わって二位にアメリカが台頭し第三位がドイツとなる。そこでイギリスはアメリカとドイツをそれぞれ仮想敵とした。ビスマルクがロシアと結んだ密約、「再保障条約」をも解消したために、露・仏の接近を許すことになり、一八九四年、露仏強化同盟が成立することになる。アジア進出にも力を入れ、イギリスの植民地政策に対抗し、中国強化やインド方面にも触手を伸ばす。これが日本に対する三国干渉へと繋がっていったのである。

一九〇四年四月：英仏協商が、一九〇七年には英露協商が結ばれて、英・仏・露と敵対関係を招く結果となった。こうしてビスマルクが整えた勢力均衡体制は完全に崩壊し、対仏包囲網が対独包囲網に変わったのである。

一九一四年六月：サラエボ事件を機に、オーストリア＝ハンガリーがセルビアに宣戦布告した際、ロシアがセルビアを支援したためにドイツは同盟を理由としてロシアに宣戦布告した。これに対して英・仏・露・日が連合し、さらに後ほどアメリカが加わって参戦し、ドイツ、オーストリア＝ハンガリー、オスマン帝国、ブルガリアと同盟して戦うことになった。

一九一七年：ドイツは北海や地中海において無制限潜水艦作戦を展開した。これに対し中立の立場を取っていたアメリカもドイツに宣戦することになった。ドイツ議会内には、講和の動きもあったが、ドイツ帝国陸軍の最高司令部が帝国指導部や帝国議会の権限を越えて軍部独裁体制を確立して戦争指導をするようになっていたために強行に実施された。ちょうど今次大戦時の日本の戦争指導体制の様に。

一九一八年：ブルガリア、オスマン帝国、オーストリア＝ハンガリーが相次いで敗れ、ヴィルヘルム二世が退位してオランダに亡命する。同年十一月休戦となる。

一九一九年八月：ワイマール憲法が制定・公布される。しかしベルサイユ条約によって膨大な借金が科され、軍備の制限を負わされ、国内は経済の低迷や国政への不満が蔓延しクーデター未遂事件、共産党の進展、ポーランド人の蜂起事件などが起こる。さらには壊滅的なハイパー・インフレーションに見舞われる。

一九三〇年：世界恐慌の発生によってドイツ経済は壊滅的な打撃を受け政界も大きく混乱する。こうした情勢下、人種間には優劣の差異があり優等人種が劣等人種を支配すべきとする「人種主義」を唱えるヒトラーを指導者とするナチ党が台頭してくる。

一九三三年一月：ヒトラーが首相に任命される。三月には全権委任法を制定し、国会の権力を無力化して政府が超憲法的（超法規的：日本の統帥権類似）な権力を握って、ナチ党による独裁体制を確立する。正に今日の中国における習近平下の共産党一党独裁体制である。

一九三五年：ベルサイユ条約によって科せられた軍備制限を破棄して徴兵制を導入しドイツ国防軍を設立する。フランス・ソビエト連邦はこれに懸念を表明したけれどもイギリスは独り「英独海軍協定」を締結しドイツに対して宥和政策を展開した。これはワシントン・ロンドン両海軍軍縮条約において、アメリカ主導によって大英帝国海軍を骨抜きにされたイギリスの苦肉の策ともいえるものであった。アメリカの海軍力突出と、それに伴う南西太平洋及び極東方面への覇権に対抗するためのイギリスの勢力均衡策であったと考えられる。しかしこの判断がドイツの想像を超えた戦備拡張を生み、その覇権的な国柄に火を付けることになって第二次世界を招き寄せる結果となった。

一九三六年：ヒトラー政権は国家の威信をかけた冬季及び夏季オリンピックを成功させる。また伝統的に協力関係（中・独合作）にあった中国と新たに台頭してきた日本のいずれと結ぶべきかの判断を迫られ、その結果同年十一月二十五日、「日独防共協定」が結ばれる。同協定はスペイン、フランスの人民戦線の成立、中国の抗日運動の激化、ソ連コミンテルンの強化（共産主義革命の世界的流布）に対抗するものであった。

一九三八年：日本が建設した満洲国を正式に承認し、これまで親中政策によって中国に派遣していたドイツの「軍事顧問団」を引き上げることにした。

・ドイツの中国への「軍事顧問団」派遣について

十九世紀の後半における対中貿易の主導権はイギリスが握っていた。そのためにプロイセンの宰相ビスマルクは、イギリスに対抗するために一八八五年、清への直行汽船に補助金を出す法案を議会通過させるとともに、ドイツの銀行や産業調査団をも送り込んでドイツアジア銀行を設立させる。軍事関連としては日清戦争で活躍した巨大戦艦「定遠」、「鎮遠」をフルカン（株）シュッティン造船所で建造させ、兵器関連企業クルップ社をして旅順の要塞化に協力させている。陸軍軍人兼武器商人マックス・バウアーが軍事顧問団を形成し、ドイツの最新兵器が中国にもたらされる。軍事教練、部隊編成、戦闘指導などを行わせた。バウアーは指導期間中に天然痘を患って死去している。

一九三三年五月には、陸軍参謀総長ハンス・フォン・ゼークトが上海に赴き、経済、軍事に関する蔣介石の上級顧問となっている。ゼークトの功績としては以後三年間において、ドイツ製武器を装備した二十個師団を編成させること、さらに教育総隊の創設、中央士官学校、陸軍大学校、化学戦学校、憲兵訓練学校、防空学校などを南京に設立している。また、蔣介石に対して「今最も中国がやるべきことは、中国軍民に対して日本への敵愾心をやしなうことだ」「日本一国だけを敵として他の国とは親善策をとることである」と進言している。

これを受けて蔣介石は秘密警察組織として「藍衣社」を結成して対日敵視政策をとることになった。この秘密警察組織と後に述べる対中関係略史の「冀東《きとう》防共自治政府」管内で発生した「通州事件」における中国側の警察隊との連携の可能性は十分にありうることであった。

さて西ヨーロッパの先進文明をドイツ人が東方に伝えたために、スラブ人（ロシアなど）がヨーロッパ文化の一隅を占めるようになった。スラブ人に言わせれば逆に平和な牧歌的農耕文化を好戦的なドイツ人が破壊したともいえようか。ドイツ人の東方への移住衝動と教化行動は今日でも存在するとみなければならない。時折親中・親露の兆しを見せることがそれを示唆している。ドイツ人は遅れた地域に新風を吹き込むことが好きなようである。いわゆる教え好きともいえる。清国に対して実施された軍事技術の提供や兵制改革など様々な支援もそれを実証している。一方イギリスは、清国からは搾取するだけであったといっても過言ではなかった。

フランスのナポレオン一世が、対仏大同盟（イギリス、プロイセン、オーストリア、ロシア、オランダ、スペイン、ポルトガル、イタリアなど）の連合軍との戦いに敗れた後のウィーン会議（一八一五年六月）の結果、神聖ローマ帝国に代わってドイツ連邦が誕生する。神聖ローマ帝国は、プロイセン、オーストリアを含めた三十四（後に三十五）の君主国家と四つの自由都市で構成されていた。

この様にドイツはもともと多民族国家であった。そのためにドイツ人（単一民族）としてまとまりたいという欲求が常にどこかにあった。小ドイツを求める求心力と、フランスやロシアの領土拡張に対抗する遠心力とのバランスの上に辛うじて国政の均衡が図られてきたともいえる。ドイツの今後の治政におけるこの求心力と遠心力のバランスのとり方は、けして易しいものではないであろう。特に一八七〇年の普仏戦争（独仏戦争）の勝利で、フランスから獲得したアルザス・ロレーヌ地方が、両国の関係にしこりを残したことは確かであり、今後も時折うずくことがあるであろう。

二〇〇〇年〜一二年の間、中国向け輸出は六倍、ロシアなど新興国向けで四倍など、新興国の高度成長がドイツの経済を支えてきた。ドイツは、フランスなどの不振をよそに、EU（欧州共同体）とユーロ圏に対して圧倒的な影響力を持つ覇権国、欧州の盟主ともいわれてきている。しかし、自国権益擁護的なナショナリズムの傾向が強く、ユーロ圏諸国との共存・共栄という感覚は希薄とみられる。恐らく今後とも、ドイツが自国の国益を超えてEUやNATO（北大西洋条約機構）などへ貢献することは消極的なものとなろう。

日英関係略史

一六〇〇年：オランダ船リーフデ号が豊後（大分県）に漂着し、乗船していたイギリス人ウィリアム・アダムス（後の三浦按針）が徳川家康の外交顧問になる。

一六一三年：ジョン・セーリスがイングランド国王ジェームス一世の国書を家康に奉呈する。イギリス東インド会社が平戸に公館を設置する。

一六二三年：「アンボン虐殺事件」に伴って、イギリスとオランダの関係が悪化し、日本のイギリス商館が一方的に閉鎖される。「アンボン虐殺事件」とは、オランダ領インドのモロッカ諸島アンボイナ島にあるイギリス東インド会社商館を、オランダ海軍が襲撃して商館員を全員殺害した事件である。イギリスは、当該事件の後、勝手に日本のイギリス商館をも、一方的に閉鎖したことで日本の心象を悪化させている。すなわち国家間の礼節を欠いたということである。当時のイギリスはこのように横柄・無礼な振る舞いが多かった。

一六七三年：イギリスが貿易再開を求めたが、先の一方的な撤退行為によって日本側が拒否する。

一八〇八年：「フェートン号事件」発生。イギリス船が勝手に長崎港に入港して、出島のオランダ商館員を拉致し、薪・水・食糧などを強奪し乱暴を働いて去った事件である。「アンボン虐殺事件」の報復の可能性がある。この事件に伴って幕府の対外防衛態勢の不備の責任をとって長崎奉行が自刃する事態となっている。長崎奉行の死は、国防をあずかる者の責任の重大さを個人として幕府に訴えたものか、或いは幕府の命令によるものかは不明である。

一八二五年：これらの不祥事件発生に伴って、幕府は異国船打ち払い令を発布する。特にイギリス軍艦を警戒対象としている。当時の列強の東インド会社は、各国の王室や王侯から独占特許状を与えられた特許会社であって、公式非公式の区分があいまいであったが、各国海軍はこれを保護していた。

一八四〇年：イギリスと清国間に「アヘン戦争」が勃発する。イギリスが清国に勝利して香港を獲得する。この情報を長崎のオランダ商館を通じて入手した幕府は、おじけづいて異国船打ち払い令を撤廃せざるをえなくなる。外圧による開国の始まりである。なにごとも外圧によらなければ現状を変えることのできない国民性（国柄）がうかがえる。

一八五四年：欧州における「クリミア戦争」（黒海の支配権をめぐるロシア対イギリス、

フランス、トルコなどの連合軍との戦い）中に、イギリス海軍がロシア海軍艦船拿捕《だほ》を名目に長崎へ侵入し、日本の局外中立を犯した。当時のイギリスの横暴の程度がうかがえる。これにおじけづいた幕府は程なく日英和親条約（不平等条約）に調印する。外圧による開国の例。

一八五八年：第二次アヘン戦争（アロー戦争）は、後の日本領事となるアメリカ＝パークスが広州の領事を務めていて、理不尽で強硬な意見を清に押し付けて戦争に発展させている。また時のアメリカの駐日総領事であったハリスは、「日米修好通商条約」の締結に当たって、「アロー戦争」やインドの民族反乱運動時にイギリスが採った無謀で残虐な行為を引き合いにだして、イギリスが日本に出兵するかもしれないとほのめかし、幕府に圧力をかけて成功させている。これに伴って関税自主権の制限や治外法権の承認をさせられている。イギリス海軍の示威行為は、アジアにおける強制的な不平等通商条約調印への手段として使われていた。欧米列強にとって日本や東洋諸国は、軍事力で脅かせばいうことを聞くという先例として確立されていく。

一八五九年：初代駐日イギリス総領事が江戸高輪に総領事館を開設する。同年スコットランド人グラバーが長崎へ来る。

一八六二年：第一回遣欧使節による交渉の結果、「ロンドン覚書」において「日英修好通商条約」で定められていた、兵庫・新潟の開港と江戸・大阪の開市の五年間延期を申し入れて認められる。その代償として日本側は関税の低減と貿易制限撤廃を飲まされることになった。書記官アーネスト・サトウが来日する。その直後に「生麦事件」が発生する。イギリス貿易商人たちが、薩摩藩主の父島津久光の大名行列に立ち入って殺傷された事件である。当時横浜在住のアメリカ人宣教師によれば、当日幕府による通行制限の布告がなされていたとのことである。

一八六三年：長州の井上馨、伊藤博文ら五名がイギリスへ留学する。「生麦事件」の報復として「薩英戦争」が勃発する。イギリス東洋艦隊七隻が鹿児島湾に侵入し薩摩藩の汽船三隻を拿捕する。薩摩藩の天保山砲台とイギリス艦隊との戦いとなる。通常陸上砲台と海上の戦艦との戦いは同程度の戦力であれば陸上砲台が有利であるが、大砲の威力に大きな差があったためにイギリス艦隊優勢に終結し、鹿児島市内は焼け野原と化した。

一八六四年：対英・米・仏・蘭と長州の間に「下関戦争」が勃発する。長州藩が、異国船打ち払い令（攘夷）に基づいて関門海峡でアメリカ商船やオランダ艦を砲撃した。これに対して、英・米・仏・蘭の四カ国艦隊が連合して長州藩を攻撃してきた。長州藩は徹底的に打ち負かされて、賠償金三百万ドルを支払わされる。攘夷（外敵を打ち払う）を政策とした幕府が、責任を取って長州藩に代わって百五十万ドルを支払い、残りの百五十万ドルは明治新政府が担うことになっている。自国の実力も知らないで（事前に備えることもしないで）攘夷などと体裁をつくろっても欧米列強には全く通じなかったのは当然である。このことは日本のみならず東アジア諸国やインドも同様であった。

一八六八年：明治維新となる。戊辰戦争においてフランスは公然と幕府を支援したが、イギリスは中立を保ちつつ、フランスを牽制し、幕府と新政府軍の動向を見極めようとしている。

一八七〇年：大日本帝国海軍が成立し、イギリス海軍を模範とした組織整備が進められることになる。日本海軍は、築地の兵学寮時代、イギリスから招いたダグラス少佐によってその基礎が築かれた。かれは、イギリス海兵団に属し、一八七三年七月、日本政府の招請によって海軍教師団長として着任、兵学寮において士官教育に携わった。規則制定、教化編制、さらには練習航海を進言してイギリス式海軍編成を確立させた。のちに本国において海軍大将となっている。

一八七二年：岩倉使節団がイギリスを訪問する。不平等条約の改正を試みるが失敗に終わる。ドイツ人設立のロイター通信社が日本に初支局を開設する。
一八八六年：「ノルマントン号事件」が発生。イギリス船の沈没に際して船長以下白人客のみが救命ボートで脱出し、日本人客二十五人全員が死亡した事件。後の裁判においてイギリス船員は無罪となり、当初船長も無罪であったが再審で船長のみが軽罪となっている。
一八九四年：「日英通商航海条約」調印、治外法権が一部撤廃される。
一九〇〇年：清において「義和団の乱（排外：攘夷の民衆の反乱）」勃発。この運動は欧米列強による中国分割やキリスト教布教・外国商社の勝手な展開に反対する農民たちの反乱に政府が加わった騒乱であり、一種日本における大規模攘夷運動のようなものである。暴動を鎮めるために、中国国内に利権を確保していた露・英・仏・独・墺・伊・米・日の八カ国が共同出兵し秩序を回復した。漢人にとっては、どの国の軍隊よりも日本人の出兵を最も恨んだことであろう。なぜなら同じアジア人だからである。日本の近代化が他のアジア諸国にとっては、羨望とともに恨みを買うことになっていたのである。日本人はこの事に鈍感であった。このことは今日もなお留意すべきことである。
一九〇二年一月三〇日：ロンドンにて「日英同盟」が締結される。
一九〇四年：日露戦争勃発。イギリスが日本の戦争公債のほんの一部を引き受ける。大部分はユダヤ系商社が引き受けている。戦争中にドッガーバンク事件が発生する。バルチック艦隊が日本へ向かう途上、北海のドッガーバンクにおいて、イギリスの漁船を日本海軍の艦船と誤認して攻撃した事件である。ロシアは、日本海軍が航海途上で待ち伏せして、攻撃を仕掛けるかも知れないと賞金を出して濃密な情報網を張っていた。そこで賞金目当ての協力者が、偽情報を流したことによって起こされた事件である。ロシアの情報戦の巧妙さと緻密さが招いた事件ともいえる。

一九一一年：不平等条約改正なる。一八五八年に欧米列強によって強制的に結ばされた不平等条約「修好通商条約」が、五十三年間を経て、ようやくにして改正されたのである。欧米列強による植民地化と、この不平等条約は当時の中華帝国「清」同様に日本にとっても大きな屈辱だったのである。

一九一四年：第一次世界大戦勃発。日本は当初イギリスからの誘いに対して気乗り薄であったが、大隈重信の強行政策によって参加することになった。主戦場がヨーロッパであったので、自国の安全はほとんど確保されていた。したがって南洋諸島や中国に所在するドイツの植民地での戦いが主戦場であった。このためにヨーロッパでの激戦（第一次世界大戦）の様相が、軍対軍の戦いから、国家を挙げての一大消耗戦（国家を挙げての総力戦）へと変化してきていることへの理解が不十分であった。この理解不足から、戦争観はもとより、陸海空軍の統合編成や運用などへの戦略的国防策にかんする関心が低く、陸海軍間の確執はもとより、特に海軍においては日露戦争の日本海海戦のような、お互いの艦隊同士の決戦思想が払しょくされないまま、太平洋戦争に臨むことになっている。

一九一八年：ロシア革命に対して、英・米・仏が干渉し、またアメリカが日本に極東方面での協力を要請した。日本は渡りに船で、シベリアや青島の権益確保と資本主義経済の進展に向けてシベリアに出兵する。

一九一九年：第一次世界大戦後のパリ講和会議に、英・米・仏・伊と共に戦勝国として参加する。席上日本代表が人種差別撤廃条項を提案するけれども、アメリカ＝ウィルソン大統領が全会一致の方針を採用することにして否決する。アメリカは、国内における人種差別（黒人のみならず、特に日本人の移民制限など）や移民とのトラブル問題を抱えていたこともあって反対したのである。

一九二一年：アメリカ主導によるワシントン会議における四カ国条約（海軍軍縮条約）において、日英同盟が廃止される。アメリカは西太平洋及び極東における自国権益の拡張をもくろんでいた。同時に進出に際して、大英帝国の遺産である世界一のイギリス海軍が脅威となってきていた。ロシア革命が完成し切らない今、このタイミングに会議を開催したのである。ロシア以外に大きな障害となるのは、イギリスと日本であった。まず日本の国際的な孤立化を支えている日英同盟を解消させて、両国がタッグを組むことを防がなければならない。また日中のアジア同士を組ませることも避けなければならない。そのためには、まず日英同盟の解消と、自国の海軍力がビルドアップされるまでの間、イギリス海軍を封じ込めておく必要がある。イギリスは、海外に多くの植民地や友好国を有しており、なおかつ列強の中で最も多くの権益を中国にもっていた。そのために権益保護（海上交通路維持と保護）に極東艦隊のみならず、世界規模の艦隊を必要としていた。イギリスは少なくてもアメリカ以上の艦艇数を確保しなければならなかったのである。そこでイギリスには香港やシンガポールを残しておいてなだめることにし、戦闘艦艇数については一定の制限を設け、それ以上の艦艇を処分させるようにして、イギリスの突出をおさえ、その間に自国の艦船建造を急ピッチで進めることにしたのである。また日・中間は、中国を支援することによって両国の離間を謀ることにし、イギリスの権益を多少残して置くことで日本の進出を抑えることにしたのである。これが「ワシントン体制」の真実である。日英同盟には、対アメリカとの戦争条項は含まれておらず、アメリカにとっては無害であって全く脅威とはなっていなかったのである。

一九二六年：蒋介石が行った「北伐《ほくばつ》」に対して、幣原喜重郎外相がアメリカ側に同調して、イギリスの派兵要請を拒絶したことによってイギリスの日本への不信と不和をまねくことになった。この政策（戦略）は、以後の満洲及び中国政策を根底から覆すことになり、日本の一貫性のない支離滅裂な政策や作戦計画へと繋がっていくことになる。

「北伐」とは、蒋介石が行った北京政府（袁世凱《えんせいがい》政権）や大小の軍閥に対する一連の討伐作戦をいう。袁世凱亡き後、張作霖《ちょうさくりん》が掌握することになるが、北伐によって北京政府は消滅させられることになる。

アメリカとしては、中国進出が列強中最も遅れていたために、中国国内に租界や港湾などの利権確保が遅れていた。したがって列強中、特にイギリスの中国遺産を減らしたかったのである。イギリスとしては、北伐軍が北京に迫ると長江流域の自国権益を失う恐れがあってこれに対抗し、日本に援助を求めたのである。しかし日本政府はこれを拒否し、中立政策を採った。イギリスは「北伐」の進攻によって、武漢租界や九江租界をも中国に変換させられることになった。

一九三〇年：イギリス主導によるロンドン海軍軍縮会議が開かれる。イギリスはアメリカ主導のワシントン会議において、参加国中最も多くの軍艦を廃棄させられていた。また第一次世界大戦による経済や軍事の疲弊も大きく、大英帝国時代に築いた海外植民地の確保・維持にはどうしてもアメリカ以上の海軍力を必要とした。さらにヨーロッパ正面においては、ドイツ・イタリアと対峙しなければならない。極東では中国利権確保のために日本と対峙していて、最も苦しい国際情勢下に置かれていたのである。その状況の打開を目的に、ロンドン海軍軍縮会議を呼びかけたのである。

一方アメリカにとっては、第一次世界大戦は対岸の火事であり、ビジネスチャンスでもあった。今日でも地域紛争は非当事国にとって、経済上有利に働く場合が多い。今日のロシアのウクライナ侵攻に際しての北朝鮮、中国、インドなどがそうである。ヨーロッパ列強の戦争による混乱や疲弊をよそに、国力を伸ばしてきたアメリカの発言力は、日本以上にイギリスをも悩ませていたのである。

第一次世界大戦で支援を受けた負い目を持つイギリスは、台頭するアメリカの我がままで強硬な外交姿勢を抑えることができなかった。結果はまたしてもアメリカの独り勝ちとなって、日・英に大きな不満を抱かせる結果になった。国家間の軍事力の均衡問題は、参加国全てが不満足な状態（それぞれ一定の譲歩をする）が最も望ましいことは、プロシャの鉄血宰相といわれたビスマルクが、ヨーロッパにおける安全保障を優先した「保障政策」としてすでに証明していたことでもある。ところが島国（海洋国家）であって新興国でもあったアメリカにはその感覚が希薄であった。

アメリカ一強で決着した両海軍軍縮条約の結果、イギリスは巻き返しを図るため、敗戦国ドイツに対して軍事的な宥和政策を打ち出して「ワシントン体制」に挑戦することにした。しかし、その政策の枠を超えたドイツの目覚ましい軍備拡張が災いをまねくことになる。日本は国際連盟を離脱する結果となって、第二次世界大戦への伏線が敷かれていくことになったのである。

一九三七年：満洲における「盧溝橋事件」を発端に、日・中は宣戦布告なしに戦争に突入する。イギリスは、アメリカと共に一時中立を保っていたが、日本の優勢が進むにつれて中国における自国の利権が侵されることを危惧して、援蔣ルートを介して蔣介石支援に乗り出すことになる。ワシントン会議でのアメリカの戦略が功を奏したのである。アメリカの思うつぼであった。

一九四〇年：浅間丸事件発生。房総半島野崎沖二十五マイルの公海上において、イギリス巡洋艦が日本郵船所属の客船浅間丸を臨検し、船客であったドイツ人男性二十一人を戦時捕虜として逮捕連行した。イギリスの行為は、戦時国際法に則った正当なものであった。なぜなら第二次世界大戦は、ヨーロッパ正面において一年前の九月一日、すでに始まっていたからである。しかし戦時国際法などを知らない日本国民は反発し、国内に反英感情が高まってきて、日・英関係はさらに悪化の一途を辿ることになっていく。

一九四一年：イギリスが日英通商航海条約破棄を通告してきた。同年十一月には、アメリカからハル・ノートが手交された。これにともなって米・英・中華・蘭（ＡＢＣＤ）による経済封鎖（石油・屑鉄などの戦略物資輸出規制）が実行され、国内に開戦論が高まる。十二月八日、遂に大東亜戦争（太平洋戦争）に突入することとなった。

イギリスの略史

イギリスはイングランド、ウェールズ、スコットランド、北アイルランドの四つの小国が同じ君主（王様）を持つ国家である。四つの小国家は主権国家ではないが、スコットランド、ウェールズ、北アイルランドは、それぞれ自治権が認められている。地方議会の議員は、地域住民の直接選挙で選ばれ、地方政権がその地方の最高の意思決定権機関となっている。

一八〇一年：グレートブリテン王国とアイルランド王国が統合して連合王国が成立した。

一九二二年：アイルランド王国が独立し、その一部（北アイルランド）のみが連合王国として残ったので、現在はグレートブリテン及び北アイルランド連合王国とよばれている。グレートブリテンとは、イングランド、ウェールズ、スコットランドを指す。一般にイングランドがイギリスの代表的な存在として、他はスコットランドとその他の地域とみなされる場合が多い。

一〇六六年：ノルマンディ公がイングランドを征服して封建制を導入し、王国を形成していく。形成の過程で、経済が大きく発展したイングランド地方が、ウェールズとスコットランドを圧倒していった。十四〜十五世紀にかけてヨーロッパにおいては、フランスの領主たちによる王位継承をめぐる争い「百年戦争」が展開されていく。

一六〇〇年：東洋の植民地獲得を目指して東インド会社を設立する。

一六二〇年：ピルグリム・ファーザーズ（イングランドの清教徒たち）がメイフラワー号に乗って北米に上陸する。

一七三三年：アメリカ大陸のバージニアからジョージアにわたる北部アメリカ東海岸地域に、十三の植民地（後の州）を獲得する。

一七七五年：植民地であったアメリカとの戦い（独立戦争）がはじまる。同時代、アメリカに植民地を持っていたフランス、スペインを頭に、ロシアなど他のヨーロッパ諸国も十三州を支援したためにイギリスは敗北する。パリにおいて講和会議が開かれて、十三州の独立が認められ、アメリカ合衆国が誕生した。日本では江戸中期、安永五年徳川家斉の時代に当たる。

一八〇一年：アイルランド王国を合邦《がっぽう》（合併《がっぺい》）して、グレートブリテン及びアイルランド連合王国となる。

一八〇五年：フランス＝ナポレオンが、イギリス本土攻撃を企図した英仏海峡でのトラファルガーの海戦において、イギリス海軍がスペインのアルマダ（無敵艦隊）と戦って勝利する。

一九〇二年：ロシアの極東方面（満洲や中国）進出への対抗として、日本と同盟を結ぶ（日英同盟）ことになる。

一九〇四年：ヨーロッパ正面では、台頭するドイツへの抑えとしてフランスとの間に「英仏協商」を結ぶ。欧米列強による植民地獲得競争の激化によって、それぞれ他国との同盟や協商を結ばざるをえない環境に置かれたのである。ここに「栄光ある孤立」とうたわれてきた大英帝国の遺産であった「非同盟外交方針」は、放棄せざるをえなくなったのである。

一九一四年：第一次世界大戦が勃発する。ドイツに対して連合国（英・仏・露・伊・日＋米）を形成して参戦する。

一九一八年：史上最初の国家総力戦（消耗戦）となった第一次世界大戦は、イギリスを含む連合国側が後にアメリカの支援を得て勝利した。

一九三五年：敗戦から復興のなったドイツの再軍備を警戒して、英・仏・伊の首脳による話し合いがもたれる（ストレーザ会議）。しかしその時点で、ムッソリーニ＝イタリアは、エチオピアを狙っていて、イギリスは単独で、「英独海軍協定」を締結したために、三国の足並みが乱れる。「英独海軍協定」では、ドイツに対してイギリスの三十五％までの軍艦の保有を認め、潜水艦（Uボート）については六十％まで建造可能として商船攻撃には使用しないことを規定している。ドイツの攻撃的な歴史を見失わせるほどにアメリカの外交戦略に怒りをもっていたことがわかる。

一九三八年：チェンバレン首相は、ナチス＝ドイツの勢力拡大を一定程度容認する平和外交（宥和政策）を進めた。すなわちヒトラーのズデーテン地方（チェコ西部のドイツと接する地域）の併合要求を容認したのである。当該地域は、チェコ領域の北部にあって、中世以来ドイツ人の入植が進んでいて民族紛争が起こっていた。ヒトラー＝ナチ党が台頭したことによって、同地方に住むドイツ人がドイツとの統合を主張するようになる。これをヒトラーが利用しドイツ人救済を口実にこの地域の併合を要求した。当事国のチェコが不参加するなか、英・仏・伊・独間で行われた「ミュンヘン会談」において、チェンバレンの主導でズデーテンの割譲が認められることになった。この宥和政策は単にドイツに対して甘い政策ではなく、裏にアメリカへのけん制の意味もあったのである。

これはロシア＝プーチンによる、ウクライナのクリミア侵略を容認したオバマ＝アメリカ大統領やＮＡＴＯ諸国の指導者たちと同様の判断であり、後にロシアによるさらなるウクライナ侵攻を許す結果となっている。イギリスは歴史的にみて、東洋諸国との外交は、著しく寛容性にかけた苛烈なものであったが、欧州諸国に対しては柔軟で宥和的であった。一方ロシアやドイツと違って、他国と結んだ同盟や協商は容易に破ることがなかった。これは君主制国家間に通じる特徴かも知れない。共和政体や連邦国家は、往々にして欺いた例が多くみられる。

一九三九年：第二次世界大戦勃発。再びヒトラー＝ナチ党のドイツと戦うことになった。大戦以前のイギリスは最大の脅威を革命後のソ連共産党（コミンテルン）と考えていて、日本とドイツは、ソ連を抑えるために利用できると考えていた。この政策（判断）が第二次世界大戦での苦戦の要因となり、イギリスに多大の損害を与えることとなる。ヒトラー＝ドイツを容認することで、アメリカの突出とスターリン＝ソ連を牽制しようとした判断の誤りであった。このことは国家間の条約や協定の信頼度に対する楽観論の危険性を教えている。さらに第一次世界大戦の敗戦で疲弊していたドイツへの、寛容や人道支援の在り方についても再検討する必要があろう。権威主義国家や専制主義国家への寛容政策や支援は、常に慎重でなければならない。北朝鮮や南米・東欧・アフリカ諸国などに対してもそうである。わがままな国家の振る舞いを軽々に容認し支援することは、その国の国民を救うことにはならず、必ずや危険を伴うものである。「人を見て法を説く」は、国際関係にも適用されるといえるであろう。

ここにイギリスの教育制度について触れておかねばならない。それは、イギリスをしてイギリスたらしめているともいえる特殊なものだからである。勿論チャーチルもその環境下に育てられたのである。イギリスには初等（小学校）、中等（中・高等学校）学校に、公立と私立がある。公立の初・中等学校として、エレメンタリー・スクールとグラマー・スクールがある。私立の初・中等学校として、プレパレートリー・スクールとパブリック・スクールがある。

特異なのは、パブリック・スクールである。パブリック（公・一般）と名を冠しているにもかかわらず、私立校であって、しかもイギリス社会における支配階級子弟のための教育機関とされている。支配階級に属さない大部分の家庭の子弟は、ほとんどがエレメンタリーやグラマー・スクールで教育を受けることになっている。ここにいう支配階級とは、政界、学界、教職、僧職、軍、官界の上層部をさす。ただし、パブリック・スクールの学生には、苛烈なスパルタ式の教育が課せられている。精神と肉体の鍛錬に主眼がおかれていて、自由を拘束され、物質の制限された生活を強いられる。要するに「鉄は熱いうちに打て」の精神に基づく教育がなされている。

池田潔著『自由と規律』（岩波新書・二〇〇八年）によると「オックスフォードやケンブリッジ大学の卒業生でエレメンタリーやグラマー・スクールの官・公立の教員に成る者はほとんどいないが、私立のプレパレートリー・スクールの教員は多くて、しかも優秀な成績で卒業した者が多い。もちろん待遇もよいからであろうが、プレパレートリー・スクールの占める社会的な地位が高いからである。一つの学校で職に就いたら、まず一生そこを動かないのが普通である。出世のための一時腰掛とするには、彼らの使命があまりに厳粛な意味をもっていることを自覚しているからである。幼い魂に命を吹き込み、そこに眠る善なるもの、尊いものを目覚めさせる歓びである」。

このように貴族主義の伝統に基づく犠牲の精神は、パブリック（公）に奉仕する気高い根性を生みだし、ネルソン提督やチャーチル首相にみられるノーブレス・オブリージ（高い地位に伴う道徳的・精神的義務）をかたちづくっている。その昔日本にもあった武士道のようなものである。

一八七三（明治六）年、未だ大英帝国海軍の伝統を色濃く残すイギリスの商船学校に、招かれざる客として一人の若者が明治日本と東洋を代表して単身留学させられることになった。七年間の刻苦勉励の後に、その精神（不動の価値観：エスタブリッシュメント）を身に着けた若者は、後のロシア＝バルチック艦隊との日本海海戦において、弾丸降りそそぐ戦艦三笠の艦橋に、ただ日本海軍の、日本国の、引いては西欧列強の帝国主義に対抗する東洋の象徴として死なんとして独り立ち続けた。その孤高の姿（貴族性：侍精神）こそが、まさにイギリス精神であったのである。この指揮官先頭の姿（精神）は、国民国家（国民皆平民）化した日本においては失われてきている。そのことが軍事のみならず国家の舵取りをも誤らせることにつながっているのではないか。

王国と象徴天皇制は精神文化において共通性を有する。

日米関係略史

一七九一年：商人ジョン・ケンドリックが二隻の船で紀伊大島に到着し十一日間滞在している。生皮の交易を求めて拒否されている。

一七九七年：先輩のオランダ東インド会社と組んで、マサチューセッツ州にある港を拠点に日米貿易を開始する。ただし、名目上は長崎のオランダ商館を通じての取引であった。

一八三〇年：小笠原諸島の父島に、ナサニエル・セイバリーが上陸し無許可で入植している。

一八三七年：「モリソン号事件」発生。中国広州在住のアメリカ商人が、モリソン号に日本人の漂流民を乗せて浦賀に来航したが、「異国船打ち払い令」に基づいて砲撃し、追い返している。国内で打ち払い令への批判が起っている。

一八四五年：アメリカ捕鯨船が二十二名の日本人漂流民を救助して浦賀に来航する。入港を許されて浦賀奉行と対面する。

一八四六年：アメリカ東インド会社の艦隊司令官が浦賀に来航し、通商を求めるも拒否される。

一八五一年：土佐の漁民中濱万次郎らが、アメリカ船に送られて琉球に上陸する。

一八五三年：アメリカ東インド艦隊司令官マシュー・ペリー提督が浦賀に来航し、大統領の国書を幕府に提示する。ペリー来航の情報は、前年に長崎のオランダ商館長によってもたらされていた。しかし幕府はこれを無視していた。日本外交のつたなさと、当事者の国家観の希薄と無責任がうかがえる。こうした感覚は今日に至っても払しょくされたといえない。

一八五四年三月三日：ペリーが艦隊を率いて再度来航し「日米和親条約」を締結する。幕府は、漂流民保護、薪水、食料供与などを承認する。通商については、不決断として下田、箱館二港を開港した。

一八五五年：アメリカ駐日総領事ハリスと下田奉行との交渉から、幕府と朝廷間の調整を経て一八五八年、「日米修好通商条約」が調印される。しかし関税率の自主的改定権などのない不平等条約であった。

一八六一〜六五年の間：アメリカ国内において南北戦争が起ったために日米外交関係は一時中断する。

一八六八年：明治維新を達成した日本は、先に強制的に結ばされた「安政五カ国条約」（欧米列強との不平等な修好通商条約）の改定と欧米文明の導入にむけて動き出す。その第一陣は、岩倉具視以下大久保利通、木戸孝允、伊藤博文など総勢百名を超えて編制された使節団であった。派遣の目的は、「廃藩置県」という大改革（武士の世を終わらせた）後の国内の鎮静化を待つことと、欧米列強と交わした不平等条約の改正や諸国の制度・文物の調査とされている。派遣は当初十カ月半の予定がさらに一年十カ月も延長されている。

政府の中心人物多数が、二年間も不在となった新生国家の国内においては、当然のこととして国政に関わる諸問題が噴出することになる。これについて派遣組が楽観視していたことが信じ難いことである。西郷隆盛に任せておけば何とかなるようなものでは決してなかった。派遣組の岩倉や木戸は、途中で物見遊山的な気分にもなっていたようであるが、国政をあずかる者としてははなはだ無責任である。

案の定、訪問中のアメリカにおいて、条約改正をめぐって国内組と派遣組の間に齟齬《そご》や軋轢《あつれき》が生じ醜態を演じることになった。その理由は、国内における事前の調整（外交戦略についてのすり合わせ）不足にあった。この失態は後のワシントン会議やロンドン海軍軍縮会議などにおいても繰り返されている。木戸孝允などは、失態の責任を部下に転嫁するしまつであったようだ。

一方国内では、学制の公布、徴兵令の発令、司法制度の整備、太陽暦の採用などと、新興国にとって重要な案件がつぎつぎに制定されている。派遣組がほろ酔い気分で帰朝し、留守を守っていた国内組を批判したことから、以後の国政に混乱を来し、各地で武士階級によるテロが発生する。「佐賀の乱」「秋月の乱」「神風連の乱」「萩の乱」など、いずれも士族階級の政府に対する不満による。また大蔵省、司法省、文部省の省庁間の対立も激しくなっている。西郷によってかろうじて抑えられていた士族階級の不満が彼の下野によって一気に爆発したのである。

その最も大きな衝突が「征韓論」である。征韓を唱える国内組（西郷隆盛、板垣退助、江藤新平ら）に対して、岩倉具視、大久保利通らの派遣組が、征韓は時期尚早であるとして断固反対する。これはまさに洋行帰りを鼻にかけた岩倉らの行き過ぎであり、第二次の政権抗争ともいえる政変でもあった。

その最たる例が、西郷隆盛に代表される「西南戦争」であった。明治維新を最低限の犠牲の下に成功裏に導いた、第一の功労者ともいえる武士階層とその精神が、海外から吹いてきた洋風によって、西郷と共に希釈され吹き飛ばされたのである。

一八七一年：台湾原住民による宮古島島民五十四人の虐殺事件が発生した。また一八七三年には、台湾漂着の岡山県人が掠奪を受ける事件が発生している。これに対して政権を握った大久保を中心とする派遣組は、国内の政情不安を対外に向けるため、一八七四年、台湾出兵を決断する。なんと征韓論に敗れた国内組が政府をしりぞいてから一年しか経っていなかったのである。

官軍の軍監《ぐんかん》（いくさめつけ）をしていた佐賀藩出身の江藤新平は、旧幕府の政治や財政に関する帳簿や領地からあがる年貢などの記録に着目し、新政府の全国統治に関わる基礎を固めている。また中央集権・三権分立・郡県制を国政の基本方針に据え、さらに立法・行政・司法の三権分立の重要性を答申している。近代国政の基本を固める人材として新生明治政府にとって、無くてはならない人物であった。しかし西郷と共に官を追われ、四十一歳の若さで非業の最期を遂げる。

「教養や知識は、中国や西洋に学ぶことなのか」、この問いかけは平安時代の昔から今日に至るまで、日本人に課せられた命題であろう。日本人における、こうした海外文明に対する姿勢（受け止め方）について深く考えさせられる。真理は大宇宙の外に存在するのか、それとも足元の顕微鏡内のミクロの宇宙に沈潜しているのか。

一八九五（明治二十八）年、警醒《けいせい》社書店から内村鑑三の著書『余は如何にしてキリスト教徒となりしか』が出版された。新天地であり、聖地でもあった憧れのアメリカで彼が見たものはなんだったのか。彼の感想を簡約すれば次のようなものであった。「スペインの闘牛よりも非人間的な拳闘、文明化の遅れた野蛮人がするようなリンチ（私刑）、政治における煽動運動、宗教における教派間の嫉妬、資本家の傲慢と労働者の暴慢、夫の妻に対する偽善的愛情等々である」。さらには、拝金主義や人種偏見であった。かなり厳しいが、これが当時の彼が見たプロテスタントの聖地アメリカの真の姿であったのである。

一九〇四年：日露戦争勃発。日本海海戦では、国民・国政・軍事が三位一体となって機能したことによって、勝利したとはいえるけれども、国力はすでに限界に達していた。それでも、アメリカ大統領の仲介でロシアとの間に休戦協定が成立した。決して勝ち戦ではなかった。したがって賠償金もなかった。このことは為政者、知識人、軍人のほとんどがわかっていたことであった。けれども国民は十分に理解していなかった。公表すれば、相手に自国の弱みを暴露することになるので国家としてはそれを秘めることになる。そのために多くの国民が不満をもち、「日比谷焼き討ち事件」などの暴動が発生した。国民国家の芽生えによって国民の力が強くなってきた証ともいえる。これまでの戦争は、軍人同士の戦いであってロシアはその態様に倣って戦うことができた。けれども資源に乏しい日本は、国を挙げての総力戦（消耗戦）を戦うことになったのである。

またアメリカ＝ルーズベルト大統領の仲裁は、有難いものであったがそれには裏があった。日本がロシアから譲り受けた満洲鉄道の共同管理権を狙った意図が隠されていたのである。いかにもアメリカらしいともいえようか。日本海海戦が終わった直後、未だ日露間の休戦協定も成立していない一九〇五年七月、アメリカ陸軍長官ウィリアム・タフト（後の二十七代大統領）が来日して、桂太郎首相と秘密協定を交わす。タフトの提案はアメリカが日本の朝鮮支配を認める代わりに、日本はフィリピンの植民地化を認めるというものであった。タフト来日の三カ月後、今度はアメリカの鉄道王ハリマンが来日する。戦後発覚したその目的は、アメリカを発進基地として、太平洋を渡って日本を経由し、満洲、シベリア、欧州を通って大西洋に出て、アメリカ東海岸に至る地球規模の交易ネットワーク構築をめざす一大経済圏構築の構想であった。旧来の地政学に基づく世界制覇ではなく、経済的手段による地政学的世界制覇の構想である。今日中国の習近平が唱えている「一帯一路」構想そのものである。その起点として、日露戦争で日本がロシアから譲り受けた南満洲鉄道（通称満鉄）経営に共同参画し、あわよくばロシアが経営している東清鉄道やシベリア鉄道の買収をも計画していたのである。

これに対して戦争当事者であった日・露は、「漁夫の利」を狙うアメリカの満洲進出を嫌って、一致して反対したのである。その巨大な経済力と工業力をもって、軒下を貸したら母屋まで取られるのが目に見えていたからである。日・露が共同して反対したことで、以降大統領やアメリカ人の日本に対する感情が悪化し、人種差別、とくにアジア人に対する排斥運動が盛り上がっていく。これが太平洋戦争への布石の一端となって尾を引いていくのである。

この時期、日米関係の悪化を最も恐れたのは、日本と同盟関係を結んでいたイギリスであった。イギリスは満洲や香港だけでなく、北京など中国大陸の枢要な箇所に多くの租借地や各種の権益を保有していた。しかもかつては、自国の植民地でもあったアメリカの急激な発展と、独立戦争以来のしたたかで独善的な強硬外交に不満と脅威を感じていたのである。

一九〇八年十月：アメリカの太平洋側ではなく大西洋岸（ヨーロッパ正面）の大艦隊が横浜に来航する。同艦隊の外舷の塗装が全て白かったので、幕末に来航して日本を驚かせた欧米列強の軍艦（黒船）に対して「白船の来襲」といわれた。艦隊は十六隻で編制され、旗艦のコネチカットは一万六千トンもあり、またほとんどの艦が一万トンを超えていた。動員された海軍軍人は一万四千人であった。

これは中国明の時代の第三代皇帝永楽帝が、イスラム教徒で宦官《かんがん》の鄭和《ていわ》に命じて実施させた、東南アジアからインド洋経由アフリカのホルムズやメッカ方面への大威圧遠征航海に匹敵する。艦船は、全長百二十メートルで九本マストを備え、総勢二万八千人の六十二隻で編制されていた。艦隊の遠征航海の結果、十数カ国が冊封《さくほう》や朝貢《ちょうこう》（君臣関係を築く・・明国になびく）するようになっている。こうしたパフォーマンスは、今日プーチンが核や軍事力によって、習近平は、軍事力のみならず経済力と情報発信力によって演じている。

国際常識では、海軍艦艇の親善訪問は、通常二〜三隻程度で編制されるものだが、「白船艦隊」は明らかに親善の域を遥かに超えていた。当時アメリカは、スペイン戦争に勝利してフィリピン、グアム、プエルトリコを獲得し、さらにパナマ運河の建設にも着手していた。アメリカの次の展開先である南西太平洋は、ロシアのウラジオストック艦隊やバルチック艦隊が日本海海戦で消滅したために、日本海軍の独壇場となっていた。大挙して押し寄せた「白船艦隊」の来航は明らかに、こうした情勢に対するアメリカの危機感の現れであった。日本海軍に対する示威行為（デモンストレーション）であることは否定できない。

この行為は日清戦争が起る直前に、ドイツ製の巨大戦艦「定遠」や「鎮遠」を見せて日本を威圧した清国艦隊の日本来航にも比べられる。

しかしアメリカの「白船艦隊」に対する当時の日本の各新聞は、「ウェルカム！（Ｗｅｌｃｏｍｅ！）」（朝日新聞）、「米国艦隊万歳万歳万々歳」（都新聞）と好意的に報道しているのである。相手の意図を知っていても怖くて真実を報道できなかったのか。あるいは本当に親善だと信じていたのかはわからない。だが舶来品（外国文明）や欧米人に対する憧れや尊敬は、島国に育った日本人の一般的な傾向でもあった。

当時のメディアや国民の受け止め方も、今日のインド太平洋地域情勢に関わる対米・中・露・豪・印関係及びＮＡＴＯ（北大西洋条約機構）諸国に対する国民の関心とさほど変わらないであろう。すなわち明治維新と共に、武士階層がなくなって国民国家となった日本には、独立国家としての矜持と国防に関する現実を自分の事として本気で受け止める階層がほとんどなくなっていた。しかし、いやおうなく国防を任務とする人々の不安は、雪だるまのように膨らんでいくことになる。「白船艦隊」の来日に対し、アメリカ国内や欧州諸国の世論は、日米の開戦間近と騒ぎ立てている。フランスの新聞は、「日米戦争不可避、日本の外債は暴落した」と書いている。またスペインの貴族や資本家は、日本への軍資金の提供を申し出ている（スペインは米西戦争に敗北して間もないときであった）。アメリカの新聞でさえ連日、日米戦争不可避と伝えていたほどである。

こうした情勢下、当時海軍軍令部長であった東郷平八郎は、戦艦三笠の艦上において歓迎会を開催した。東郷の胸中は計り知れないが、傍若無人なアメリカとその艦隊に対し、せめて自らの存在をもって日本海海戦の戦い（東洋の自存自衛のための戦い）を彷彿させることによって、日本国と日本人の敢闘精神を示そうとしたのではないか。戦後出版されたE・B・ポッター著『提督ニミッツ（NIMITZ）』（アナポリス海軍協会出版・一九七六年）によれば、この十六隻の艦隊の旗艦であった戦艦オハイオに、後にアメリカ太平洋艦隊司令長官となるニミッツが、新任のエンスン（少尉）として乗艦していた。そしてこの東郷大将が催した歓迎会に参加していて仲間と共に大将と会話を交わしたことが記されている。なおニミッツ少尉によると、大将のイギリス仕込の英語はとても流暢であったとも記されている。薩摩弁なまりの英語を想像するとき、社交辞令ではないかとも思えるが。この東郷との出会いは、ニミッツ少尉に深い感銘を与えたようである。戦後、昭和二十年九月二日の戦艦ミズーリ艦上での日本の降伏調印式を迎えた二日前、ニミッツ大将は、多忙な日程を割き、横須賀に保存されて眠る戦艦三笠を訪れると、心ないアメリカ兵たちによって艦の構造物などが破壊されたり、略奪されていることを目の当たりにして、直ちにアメリカ海兵隊員に艦の歩哨を命じている。また、帰国後に、三笠保存のための基金を提供するとともに、退役後『大海戦』を執筆し、その印税を東郷神社に寄付している。極東軍司令官マッカーサーもまた、占領軍司令官を解任されて帰国の途に就く直前に、乃木神社にアメリカ・ヤマボウシ（ハナミズキ）を植樹している。明治という時代、技術（合理主義）を旨とする海軍にも、精神主義を優先する陸軍にも共通して流れていたのは、侍《さむらい》精神であった。武士階層は消滅しても未だその精神は受け継がれていたのである。

日本は平安時代の昔から、貴族と武士（侍分の地下人）のように文と武がかなり厳しく差別されていた。しかも武は卑しいこととされていた。これは中国や朝鮮が採っていた儒教に基づく「科挙制度」ほど厳格なものではなかったようだが、その影響は否定できない。鎌倉時代前期の知識人（歌人）藤原定家の著書『明月記』の一節、「紅旗西戎《こうきせいじゅう》は我がことにあらず」は、その典型的な例を示している。朝廷の旗（紅旗）をおしたてて外敵を制圧するのは自分の仕事ではない。大義名分のある戦争であっても、文芸を職業とする自分（上流階級：知識人）には関係ない、それがスマートということであった。そのスマートさに対し、武士は死を辞さずの精神を以て対抗したのである。時代が移り国民国家となって、国民全てが平民化した今日にあっては、かつて少数派であった武士階層には備わっていたであろうその精神も希釈された。今となってはその存在すらも疑わしくなってきている。現在の在り様を肯定的に解釈すれば、優しさであり寛容さであり平等感覚であろう。反対に否定的にとらえれば、優柔不断であり、独立独歩精神の希薄といえようか。したがって弱肉強食で進歩が速く、千変万化する不安定な国際情勢下にあっては、常にバイスタンダー（傍観者）的な立場にたたざるをえないであろう。無理に先駆者を目指そうとしても、頼りなくてどの国も本心ではついてきてはくれないであろう。

一九一四年：第一次世界大戦勃発。当初、日本は軍部や国民の反対があったものの、当時の首相大隈重信のほとんど独断によって参戦することになった。

一九一九年：ベルサイユ条約（パリ講和会議）において、中国の山東省にあったドイツの利権を譲り受けることになった。さらに赤道周辺の旧ドイツ領や南洋諸島（マリアナ・カロリン・パラオ・マーシャル・ビスマルク諸島）の委任統治が日本に委ねられた。ところが直接統治（ほぼ植民地化）ではなく委任統治となったのは、日本による直接統治を快しとしないアメリカの反対によるものである。

反対しておいて、南太平洋及び中国大陸の利権獲得を狙うアメリカは、自国の上院議院においてベルサイユ条約で決定された日本の利権を勝手に否決する。こうしたアメリカの我がままな行為は、その後も度々日本や欧州諸国を悩ませていく。国際法や自由経済システムの慣例を、いとも簡単に侵して平気な、今日の中国と同様の行為を、アメリカは過去においても今日でも行ってきているのである。そのわがままで強引な手法の典型的な例が、第一次世界大戦やワシントン会議及びロンドン海軍軍縮会議において示されることになっている。

一九二一年：アメリカの主導によって九カ国（日・米・英・中・仏・伊・蘭・ベルギー・ポルトガル）が参加してワシントンにおいて会議が開かれる（ワシントン会議）。本会議における「四カ国条約」（米・英・日・仏）において、アメリカの発案によって日英同盟の破棄が求められて採決される。その後のアメリカの南太平洋進出にとって、日本海軍とイギリス東洋艦隊が脅威となってくる。そのために日英同盟が存在するとアメリカにとって不都合であった。イギリスは香港をはじめ、中国大陸の要所に様々な利権を有していた。したがってこれらの利権の維持確保のための海上交通路（ＳＬＯＣ）防衛に相当規模の護衛艦隊が必要であった。さらにヨーロッパ正面においても、大英帝国時代の遺産（植民地）維持のために仏・露・伊などに対抗する艦隊が必要であった。したがってアメリカに勝る規模の艦隊がどうしても必要であった。しかし会議の結果は、アメリカに押し切られて、アメリカと同等の艦隊規模に抑えられる。当時アメリカは、イギリス海軍ほどには各種艦艇を保有していなかったので、イギリスは既保有の艦艇を大分廃棄処分しなければならなかった。

「五カ国条約」では、主力戦艦の総トン数比率を決めているが、最も多くの艦船を廃艦とさせられたのはイギリスであった。その結果世界最強を誇った海軍国の地位が、アメリカにとって代わられる結果となったのである。イギリスの口惜しさは推して知るべしであろう。

「九カ国条約」においては、中国に関する条約として、中国の主権尊重、領土保全、門戸開放、機会均等などを一方的にきめている。この他、日本が二十一カ条の要求によって獲得した山東省のドイツ権益の返還も決められている。欧米列強の中で最も遅く中国に進出し、そのために中国において最も少ない利権しか確保できなかったアメリカの逆転の戦略であった。しかし本条約には、規定や原則を破った場合の制裁措置の取り決めがなく、また中国が強く要求した、列強が取り決めた治外法権などの特殊権益や不平等条約の解消はなされなかったのである。本条約の誤りは、中華民国の国境を明確にしなかったことと、ソ連を参加させなかったことである。九カ国にソ連が含まれなかったために、外蒙古を独立させられ、その支配下に置かれたのである。またソ連から中国国民党や中国共産党に多大の援助が与えられた。その結果、国民党政府の反共意識が反日意識に変わって日本に向けられるとともに、勢力を失っていた中国共産党がソ連の援助によって息を吹き返すことにもなったのである。

アメリカ主導のワシントン会議は、当時世界最大の工業力を背景として台頭し、世界制覇をもくろむアメリカの外交戦略であり、特にアジア太平洋地域においては、日本が中国（蔣介石）やイギリス、ソ連と組んでアメリカと対峙する局面になる可能性の芽を摘むことにあったといえよう。

「四カ国条約」において日英同盟が解消された。もともと日英同盟は、対米を標的にしたものではなく、アメリカは参戦条項の適用除外になっていたのである。後にチャーチルは、これを悔やんでいる。明らかにアメリカにしてやられたのである。

実は、ワシントン会議開催中、これに対抗してモスクワにおいて、「極東諸民族大会」が開かれていた。この大会はコミンテルン（共産主義インターナショナル：各国共産党の国際統一組織）が主宰し、反帝国主義、反植民地化、民族自決を目指す革命運動であった。日本・中国・朝鮮・モンゴル・インドなどの代表が参加している。日本からは、片山潜、田中運蔵、徳田球一ら十六名ほどが参加している。大会における議長報告で、ソ連のジノビエフが「日本の革命なしには、極東におけるいかなる革命も重要ではなく、地方的な事件にすぎないだろう」と述べて日本を重視している。このことから、ワシントン会議時には、ソ連は既に革命後の混乱を終息させ、共産主義の世界制覇に向けて動き出していて、会議参加が可能であったのである。それを承知のうえでアメリカはソ連を会議に招請しなかったのである。

ワシントン会議に主席随員として参加した加藤寛治は、東郷元帥の会議後の所見として、「ワシントン会議は、最初の立ち上がりが悪かったために徹頭徹尾後手に回った。将来の支那（中国）は、東洋の禍根（災いの元）であり、アメリカが支那を牛耳ようとするなか、東洋平和のためには日本は武力で畏敬（精神的にも威圧する）されなければならない」と回想している。元帥はアメリカの意図を見抜いていたのである。しかも元帥のいう武力とは、単なる形而下の武力ではなく、東亜共栄のための総合的な武力（時の欧米帝国主義に対抗する力）のことである。先のコミンテルンの思想から、内乱に基づく革命（国家転覆）の必要性を除けば、全く同様の考え方であろう。

憲法学者の上杉慎吉などは、当該軍縮条約について「実に米人の大賭博であって米の太平洋支配、日本征服の企図を成就せんとする」と述べている。

一方、海軍軍人で日露戦争時には水雷艇長として旅順口閉鎖作戦や日本海海戦に参戦した水野広徳は、その雑誌掲載論文「新国防方針の解剖」（「中央公論」一九二四年四月号）において次のように記している。

軍備の節約によって国民の負担を軽減し、日米海軍の競争を防止してお互いの敵愾心を冷却し、世界の不安を除きたる効果大なり。戦争の真の残虐性を知らなければ戦争に対して楽観的になる。戦闘に勝つかは軍人の職務であるが戦争に勝つかは国民の責務である。国防力とは国家の総力であって軍事、経済、外交、工業、教育などもろもろの総合力である。国防は軍人の専断事項ではない。従ってシビリアンコントロール下における国防会議（国家安全保障会議）の設置が必要である。

これに対して「教科書裁判」で知られる歴史学者家永三郎は、「大正デモクラシー期の憲法学会で、立憲主義的見解をとった有力な憲法学者がこぞって統帥権の独立を法理上から肯定していたなかで、唯一の統帥権独立の否定論として特筆に値するものではなかろうか」と述べている。時代の風潮によって法解釈も、善悪でさえも変わるものである。変え難いのは個人の良識（尊い平凡性）である。

水野はまた、「日本はアメリカと絶対に戦ってはならない。彼我の物量、経済力等を比較して合理的に非戦の所以を明らかにした」と評されている。このことは突き詰めると「弱いものは決して強いものに逆らうな」という中国要人が度々日本に向かって言ってきたことと同義である。ところがこの考え方は、反帝国主義、反植民地、民族自決の考え方とは相容れないことになる。すなわち核で脅されたら素直に言うことを聞きなさい。ウクライナのように立ち向かってはいけませんよということである。

国民国家となった今日の日本における国民は、いずれを選択するであろうか。国家や社会を自分と運命共同体として考えている人と、そうでない人々の間に軋轢が生じるのは必至である。共産主義国家や専制主義国家が愛国精神や他国への脅威を常に看板に掲げているのはそのことによる国家の崩壊を防ぐためである。現在のウクライナ対ロシアの戦闘やイスラエル対ハマスの戦闘からも平和とはどのようなものであるかについて学ばねばならない。

一九二四年：アメリカにおいて「排日移民法」が施行され、反日世論がたかまってくる。移民法とは、もともと日本人のみをターゲットにしたものではなく、東・南ヨーロッパ出身者や中国人を厳しく制限するものであった。目的は白人優性思想や賃金格差に伴う雇用問題の解決、共産革命阻止などにあった。しかしカリフォルニア選出議員による同法への、「帰化不能外国人の移民全面禁止」条項の追加は、明らかに日本人をターゲットにしたものであった。これによって日本国内の反米感情がたかまることになっていく。

一九二九年：アメリカを起点として世界恐慌が発生し、翌年日本に波及する。イギリスは即座に対応して、英帝国圏諸国（カナダ、アイルランド、インド、オーストラリア、ニュージーランド、南アフリカ等）をカナダのオタワに召集し、ブロック経済圏（現在のEUに相当）を形成して防衛した。日本は孤立経済であったのでもろに被害を受けることになった。多くの企業の倒産、大量の失業者、農業生産物価格の暴落が発生した。北海道や東北地方では冷害が発生し大凶作となって二千人近くの娘が身売りを迫られている。こうした国内困窮とアメリカによる移民禁止の解決策として、ソ連や欧米列強が狙っていた満洲大陸に関心をむけるようになっていく。

一九三〇年：ロンドン海軍軍縮会議が開催される。本会議は、アメリカではなくイギリスの呼びかけによる海軍軍縮会議であった。ワシントン会議同様、日・英・米・仏・伊間でおこなわれた。補助艦艇などの保有比率が決められた。ワシントン会議において世界最強海軍の地位をアメリカに奪われたイギリスが、その巻き返しを狙った会議であったともいえる。各国の意見が対立し難航する。結果としてロンドン海軍軍縮会議もまた、アメリカが主導したような結果になった。イギリスをはじめ欧州列強は、第一次世界大戦を戦ったために国力が大きく疲弊していた。特に最後までドイツに対抗したイギリスは、最大の債務国（借金国）に転落し、なおかつ助けてもらったアメリカに対して強硬な態度にでることができなかった。一般に国家間の軍縮や軍備制限は必ずや各国に不満をもたらすものである。なぜなら一国の利益は必ず他国の不利易となって反映されるからである。従って全ての参加国が応分の不利易を分かち合うことで、なんとか妥協を図る以外に良い方法は無いといえよう。

ところが両軍縮条約の結果は、いずれもアメリカの独り勝ちとなって他の参加国は全て不満であった。その中で特にイギリスと日本の不満が最も大きかったといえる。「日英同盟」を解消させられた日本は、他に同盟や協商を結べる可能性のある国はなく、地元アジアにも頼れる国は存在しなかった。

ついに日本一国でもって極東・東南アジアから南洋諸島を含む国防圏の維持・確保をしなければならない状況に置かれたのである。特に当時国防に携わった人々は、東西（オリエント対オクシデント）間の、「文明の衝突」という現実を思い知らされたことであろう。

この天涯孤独の境遇下に置かれた国家（日本）の行く末を思った時、それほど信頼できるとも思えないドイツやイタリアでもよいから、また単に形式的であっても同盟や協商関係の仲間が欲しかったであろう。今日中国に対抗してみさかいなく大小さまざまな国家との連携を進めているが、本来同盟や協商とはそういうものではなかったのである。そこには必ずや国益確保という確かな命題があったのである。

一九三七年：宣戦布告もなく日中は戦争に突入していった。十月にはアメリカのF・ルーズベルト大統領が、日本を侵略国であるとして批判するキャンペーンを張った。ルーズベルト大統領個人に限らず、島国であったアメリカ自身も、ヨーロッパ諸国が長年かけて理解した外交における、勢力均衡（パワーバランス）や相手国に対する寛容さの重要性についての理解が乏しかった。同年中立法を破ってアメリカの中国に対する本格的な財政支援がはじまる。

一九三九年七月二十六日：アメリカが「日米通商航海条約」の破棄を通告してきた。

一九四〇年一月二十六日：日・米間が開国以来の無条約時代に突入し極めて危険な情勢となる。同年七月二十二日、大本営政府連絡会議において、対米戦を考慮した「世界情勢ノ推移ニ伴フ時局処理要綱」が採択される。同年九月欧州において第二次世界大戦が勃発する。

一九四一年六月：アメリカにおいて中国に対する武器供与法の適用が決定された。

同年十一月二十六日：アメリカ国務長官コーデル・ハルによる覚書（通称ハル・ノート）が手交され、日本側はこれを「最後通牒」として受け止める。

・ハル・ノートの内容要約

一、日本軍の仏領印度支那（現在のベトナムとカンボジア、ラオスから成る）及び中国全土からの無条件撤退。

二、重慶国民政府以外の中国の政権は認めない。（日本と協調する汪兆銘《おうちょうめい》政権は否認する）

三、中国における治外法権は撤廃する。

四、日本が第三国と結んだどのような協定も認められない。（日・独・伊三国同盟の破棄を求める）

これは日本が欧米列強に倣って獲得し、さらにジュネーブ条約でも認められた、中国や東南アジア・南洋諸島に獲得した利権を全て放棄せよという一方的な内容であり、日本としては容易にのめる案ではなかった。アメリカによる一方的な要求であり、過去において数回にわたって交わした調整案は一歩も前進しなかった。

外交交渉は、双方がお互いに譲歩してはじめてまとまるものである。アメリカは、イギリスからの情報に基づいて、ドイツがソ連との不可侵条約を破ってソ連に攻め込む機会を待ちつつ、時間稼ぎをしていたのである。独・ソが戦うことになれば、自動的にソ連が連合国側についたということになり、安心して日・独・伊の枢軸国側を叩けると計算していたのである。一九四一年六月二十二日、思惑通りドイツが不可侵条約を破ってソ連に侵攻したので、憂いなく日本と対抗できると判断し、このノートが手交されたのである。

ではなぜ議定書ではなくノート（覚書）としたのか。それはアメリカ側が先に交渉の決裂を企図したと見なされないための自国民へのカムフラージュでもあったとみている。日本側が憤慨して先に行動を起こすのを待っていたからであろう。F・ルーズベルト大統領治世下のアメリカ国家方針として、「不戦条約」（一九二八年パリで締結）に基づく不戦条項があった。そのために自国民に対して申し訳が立つように仕組んだのである。案の定、日本はこれに乗せられて、ついに同年十二月八日未明、ハワイのオアフ島にあるアメリカ海軍基地である真珠湾に対して奇襲攻撃を行ったのである。しかもアメリカ駐在員の不手際から手はずどおり（攻撃以前）に宣戦布告が手交されず、アメリカはこれをだまし討ちとして喧伝して対日宣戦布告をしてきたのである。

これら日米間の一連の調整や政策において、当時のアメリカ歴代の国務長官やルーズベルト大統領は、最後まで日本との衝突を望んでいなかったと評する文献も多くある。そうであるなら紛争中の二国間（日中）のどちらか一方に対して、武器や軍需物資が供与された場合、他方の国の心情がいかなるものか理解できない人はいないであろう。その心情を無視して援助に動くことは、衝突を覚悟したものと受けとめざるをえない。

日本がアメリカの一種みせかけのイデオロギー（自由民主主義）キャンペーンに対抗して、共産主義革命の脅威を発信し、英・ソを上手く活用してアメリカに対応していたなら、アメリカとの戦争にまでは至らなかったであろう。情報発信力（プロパガンダ）の欠如や情報収集・工作活動や分析評価能力の低さは外交に直結し、国家存立を危うくする。

アメリカの略史

北アメリカ大陸に最初に住んだのは、黄色人種（モンゴロイド：蒙古人種）であった。彼等は広大なアメリカ大陸に比べてごくわずかな人口でしかなかった。八〜十六世紀頃にインディアン文化として、イリノイ州セントルイス郊外辺りに栄えていたとみられている。

ポルトガルやスペインに始まる大航海時代の幕開けによって、一四九二年、コロンブスの西インド諸島（カリブ海域の群島）の発見以来、英・仏などによる南北アメリカ大陸の探険・開拓やインディアンの領土掠奪や虐殺がなされた。その後アメリカ大陸は、イギリスがバージニアやカロライナ、フランスがルイジアナ、オランダが北米東海岸、スウェーデンやスペインもそれぞれ植民地として獲得される。

一七七五年：イギリスの植民地であったアメリカ大陸の十三の州がイギリスに戦いを挑むことになる。これにフランス・スペインが十三州に味方した。ロシアのエカテリーナ二世は、西欧諸国に中立同盟を呼びかけてイギリスを孤立化させた。これに力を得た第三代大統領ジェファーソンは、ヨーロッパにおけるナポレオン戦争に対しては中立政策をとって、先住民（インディアン）との間に強制的なインディアン条約を次々に結んでいく。以後武力を背景に領土を拡張し、彼らを保留地へ追いやっていった。その過程が一八九〇年まで引き続く「インディアン戦争」となって後の西部劇映画に反映されている。

一七八三年：合衆国（十三州）の独立が国際の場で承認される（パリ条約）。

一八〇三年：フランスのナポレオンから仏領ルイジアナ州を買収し、広大な西部の土地を安価で手に入れる。

一八〇五年：「トラファルガーの海戦」で、フランスを破ったイギリスは、フランスを海上封鎖するとともにアメリカをも封鎖する。一八一二年〜一四年の間、アメリカ対イギリスと組んだ原住民（インディアン語部族）との戦争（米・英戦争）が続けられる。

一八二三年：第五代モンロー大統領が、欧州諸国とアメリカ大陸の相互不干渉を唱える「モンロー宣言」を発表する。これは欧州諸国が支援したラテンアメリカでの独立運動が盛んになったために、これを防ぐ目的であった。「モンロー主義」は、欧州諸国への相互不干渉とアメリカによるラテンアメリカ、太平洋方面への政治的、軍事的介入の根拠ともなった。また合衆国内の先住民掃討が完了した以降は、アメリカ大陸外への植民地獲得に向かう根拠ともなった。今日中国の台湾に対する「一つの中国」政策や南シナ海の九段線内の自国領主張と同じような国際社会への一種勝手な宣言である。

一八三〇年：第七代ジャクソン大統領は、「インディアン移住法」を可決させる。「インディアンは白人と共存しない。野蛮人で劣等民族であって全て滅ぼされるべきである」としてインディアンを一定の居留地に移住させた。これは、ヒットラーが実施したユダヤ人に対する「民族浄化」（特定の民族を殲滅する）政策と同様であった。こうした不条理な政策によってインディアンとの戦争が長期にわたって続けられたことが西部劇映画に反映されている。この戦いは、「インディアンのベトナム戦争」とも呼ばれている。この戦いでチェロキー、クリーク、チャソー、チョクトー、セミノールなどの五部族が遠路アメリカ大陸を横断させられて、居留地のオクラホマまで徒歩で移住させられ、一万五千人中四～五千人が途中で死んでいる。「涙の道」と呼ばれている。これは今次大戦時の「バターン死の行進」と並び批判されたりしているが、同行進はもともと移動距離の半分は鉄道やトラックで移動する計画であった。しかし計画していた捕虜の数と実際の数に大きな差があって、百二十キロの中、八十三キロの距離を三日間かけて、アメリカ軍捕虜や難民と看視の日本兵がともに歩くことになったのである。同列には論じられないであろう。

一八四六～四八年にかけて墨（メキシコ）と戦い、ニューメキシコとカリフォルニアを獲得し、五年後にはメキシコ北部をも買収する。買収した領土では奴隷制を復活させている。

一八四八年：買収したカリフォルニアで金鉱が発見されゴールドラッシュとなる。このために多数の中国人が金鉱採掘のための移民労働者になり、また当該地域先住のインディアン（ヤヒ族）などは、白人の金鉱採掘によって絶滅させられている。この頃からアメリカは、当時西欧列強によって既に植民地化されていた東南アジアを避けて、東アジア（日本・中国・モンゴル・朝鮮・台湾）に強圧的外交をもって接近するようになる。

一八五三年：ペリーが日本に上陸する。翌年徳川幕府を脅して開国させることに成功する。しかし程なくアメリカ国内で南北戦争が始まって東アジア外交は一旦中断される。

一八六一～六五年：アメリカ大陸の南部地域と北部地域の間で「南北戦争」が戦われる。北部の合衆国（奴隷制反対派）側と南部の連合国（奴隷制継続派）側との間で国家を二分した大戦争になった。

一八九八年：南北戦争が終わり、国内が落ち着いたところでまずハワイ王国を併合する。次いでスペインとの戦争に勝利し、キューバを保護国として、プエルトリコ、フィリピン、グアムを植民地とする。さらに西欧列強と日本との間で清国の分割接収が進められているのに目をつけ、清の門戸開放、機会均等、領土保全を勝手に提唱し、中国権益への割り込みを図る。あわせて新興の大国として、十九世紀の帝国主義への挑戦ともなる「国際的コンセンサス」形成に意欲を示すようになる。

一九〇四年：日露戦争が勃発する。

一九〇五年：日露戦争の終盤において、日本に和解の調停を依頼されて渡りに船で引き受ける。これを機に日本がロシアから譲り受けた南満州鉄道（満鉄）やロシアのシベリア鉄道との共同経営などを目論む。ところが日本が大国ロシアと優勢に戦ったことから、それまで欧州において大量の移民を排出する中国に向けられていた「黄禍論《こうか》」（黄色人種脅威論）の矛先が日本に向けられるようになる。それに伴って、アメリカも同様に「オレンジ計画」と称されるアメリカ海軍による日本を仮想敵とする対日作戦計画が策定される。アメリカは仮想敵国を色分けにして、作戦計画を予め作成して準備している。例えばレッドはイギリス、ゴールドはフランス、ブラックはドイツ、シルバーはイタリアという具合に。日露戦争後、アメリカが満洲や中国利権を狙っていることを知った日本は、ロシアと和解し、英仏と関係を強化する。それによって東アジア及び東南アジアにおける自国の権益拡張戦略が侵されることを懸念したアメリカは、日本封じ込め戦略に転換し、日米関係はますます悪化していくことになった。一時は西欧メディアが日米開戦必至と報じるほどであった。

一九一四年：第一次世界大戦勃発。英・仏・露・伊の連合国対独・墺・オスマン帝国（トルコ）の戦いであり、連合国側はアメリカの援助なしに決着をつけたかったが、ドイツの攻勢を前にアメリカの物量支援を受けざるをえなかった。このアメリカの軍事及び経済によるドイツへの圧力が、ドイツ革命やドイツの敗戦を導いたことによって、戦後連合国はアメリカに頭が上がらなくなる。それが戦後、アメリカ大統領ウッドロー・ウィルソン主導の国際連盟形成やそれに続くワシントン会議やロンドン海軍軍縮会議に大きく影響し、アメリカの独り舞台となったのである。その結果アメリカ主導の各種条約や規約は、不平等となって日・米間や米・英間に確執が生じ、大東亜戦争（太平洋戦争）へと繋がる諸国間の「建艦競争」を招くのである。

日蘭＝オランダ関係略史

江戸時代初期から幕末にかけての鎖国政策中でも、オランダと中国とは長崎を通じて交易が行われていた。幕府はオランダがもたらす情報によって、当時の国際情勢を知り対外政策に活かしていた。またオランダ語（蘭学）を通じてヨーロッパの近代文明や各種技術を修得してきた。日本海軍にあっては、オランダ海軍を育ての母、イギリス海軍を育ての父といえるほどの影響を受けている。

一六〇〇年四月：オランダ商船リーフデ号が大分県の現臼杵市に漂着した。乗組員のオランダ人ヤン・ヨーステン（耶揚子）やイギリス人のウィリアム・アダムス（三浦按針）が徳川家康の下で対外交渉のアドバイザーとして活躍する。

一六〇二年：イギリスに次いで東インド会社を設立して東洋貿易に乗り出した。同会社は、イギリスと同様に国家と密接に結びついていて、在外公館の役割を担っていた。同社の要塞が置かれていた現インドネシアのジャカルタでは、多くの日本人がその勇猛さと忠誠心を買われて雇われていた。

一六〇九年：長崎平戸にオランダ商館が開設され交易がはじまる。スペイン・ポルトガル人を南蛮人、オランダ・イギリス人は紅毛人と呼ばれた。家康の死後、幕府は次第に対外貿易を縮小していくことになったが、オランダとは引き続き交易が許される。一六二三年、イギリスの商館が閉館し、一六二四年スペインと国交断絶、一六三九年ポルトガル人の来航禁止となっていく。

当時の日本における知識階級は、蘭学を盛んに学んでいる。杉田玄白、前野良沢による『解体新書』の執筆。平賀源内のエレキテル（静電気発生装置）や寒暖計の発明。伊能忠敬による日本地図の作成、シーボルトからの西洋医学の窃取などがなされた。こうして蘭学塾が脚光を浴びるようになっていく。緒方洪庵の大阪の適塾は特に有名で、福沢諭吉、大村益次郎、大鳥圭介、橋本左内など多くの人材が育って明治維新の原動力となっている。

一八五二年：オランダ商館長から、「アメリカ合衆国が『砲艦外交』を極東で行う可能性がある」という情報が幕府にもたらされた。「砲艦外交」とは、軍事力で威嚇して心理的な圧力をかけて自国有利な交渉を引き出す戦術で、ペリー来航やこれまでに西欧列強が東洋諸国において行ってきた、力による極めて横暴な外交戦術のことである。今日では軍艦や弾道ミサイルだけでなく、核兵器や経済力、さらには偽情報の拡散も相手を脅かす手段として使われている。当時の幕閣（首脳部）は、この貴重な情報を黙殺（聞き流す）したのである。

首脳部のこの態度、この行為は、何も江戸時代に限らず平安時代から鎌倉時代初期（戦国時代以外）にかけても、また今日においても、その職にある者に見受けられる現象である。放っておけばそのうちなんとかなるだろう。その責にある者が、一般大衆と同じように、それをやるのは自分ではない、何時か誰かがやってくれるだろうと考えて、当事者意識に欠けている有り様である。ところが問題が現実化したら、ヒステリックになって適切な処置をとることができない。問題解決に失敗したら責任逃れや責任転嫁をする。もちろん、もともと当人に責任感がなかったのであるから彼の言い分や態度は正しいともいえる。物事を事前に検討し、対処方針をあらかじめ定めて置くことが苦手な国民性を表している。この性格は、幕末以降の急激な近代化や今日の諸外国との軍事・外交・経済問題の交渉や折衝においてその弱点を露呈しているのである。

さてオランダ商館長のクルティウスは、軍艦二隻（そのうちの一隻は咸臨丸）の入手や長崎海軍伝習所の設立、オランダ海軍士官を招いて、勝海舟や坂本龍馬などを育てるのに貢献するとともに、有線による長距離電信技術などももたらしている。

一八六三年：薩英戦争（薩摩とイギリスの戦い）に続く一八六四年の馬関戦争（長州と英・米・仏・蘭の戦い）を経て、尊王攘夷運動が激しくなって、オランダも欧米列強の仲間の一人として見なされるようになっていく。

オランダの略史

オランダ（蘭）は現在、憲法に従って国政が行われる君主制（立憲君主制国家）の国である。オランダ王国を構成し、西ヨーロッパとカリブ海に領土をもつ主権国家である。四つの王国（オランダ、アルバ、キュラソー、シント）から形成されている。それぞれが国と呼称され、互いに対等な立場で王国を構成している。王国以外にカリブ海に海外特別自治領として、ＢＳＥ諸島（大航海時代の遺産）と呼ばれる島々がある。現在多くの移民が存在しており、国内においてイスラム過激派による事件が多発し、イスラム系住民への反感が増大している。また積極的な安楽死が認められている。国の許可を得たら管理売春も合法とされている。そのために衛生状態の向上や性感染症の低下に繋がっている面もある。オランダを含んだベネルクス（オランダ・ベルギー・ルクセンブルク）は、神聖ローマ帝国の領域の一部となっていた。十五世紀末頃からはスペインを本拠とするハプスブルク家の家領（領土）となっている。

一五九九年：ポルトガル人が先に進出していた、インドネシア東部のモルッカ諸島の香料貿易権を奪い取って後にビクトリア砦を構築し支配権を確立する。
一六一五年：程なくイギリスも進出してきて香料貿易で激しく競争する。
一六二三年：オランダ守備隊が、イギリス人の商館員を殺害してイギリスを同区域から駆逐する（アンボイナ事件）。この影響を受けて長崎のイギリス商館も日本側に無断で一時閉鎖されることになっている。
一五六八〜一六四八年の間（十二年間の休戦を挟む）：宗主国スペインとの間でオランダ独立戦争（八十年戦争）が戦われた。
一六四八年：同戦争の結果、ウェストファーレン条約において独立が承認される。
一六八九年：ウィレム三世政権が誕生する。同王はイングランドのメアリ二世女王と結婚し、オランダ総督兼イングランド・スコットランド・アイルランド国王となる。後にオランダ、イングランド、神聖ローマ帝国を中核とする同盟を結成して、フランス＝ルイ十四世と戦う（スペイン王継承戦）ことになる。
一七八九年：フランス革命（ブルジョア革命）の革命軍がオランダに侵攻し、バタビア共和国（フランスの衛星国）を建設する。
一八〇六年：ナポレオンの弟ルイ・ボナパルトを国王とするホラント（オランダ）王国

となる。

一八一〇年：フランスの直轄領となる。

一八一四～一五年：ナポレオン戦争後のウィーン会議で、オーストリア領であった現在のベルギー、ルクセンブルクを含むオラエ・ナッサウ家が王位につく。

一八三〇年：ベルギーのネーデルランド連合王国からの独立戦争が勃発。

一八三七年：岩倉使節団の訪問を受ける。

一八三九年：ベルギーのネーデルランド連合王国からの独立を承認する。

一九一四年：第一次世界大戦勃発。オランダは中立を維持した。

一九二一年：ハーグに国際司法裁判所が設置される。

一九三九年：第二次世界大戦勃発。オランダは中立を宣言したが一九四〇年五月十日未明、ナチス＝ドイツが隣国ベルギーに侵攻し程なくオランダも一週間程度の戦いでドイツに敗北する。王族はイギリスに亡命する。

一九四一年：亡命政権が日本に対して宣戦布告するけれども東インドの植民地は間もなく日本軍に占領される。国王の居なくなったオランダ本国はドイツによる軍政が敷かれた。

一九四五～四九年：インドネシア独立戦争を戦う。日本が降伏した後、旧オランダ領東インドにおいてインドネシア共和国が独立を宣言した。これに対しオランダは独立を認めず再び植民地化に乗り出しインドネシア共和国との戦いに臨む。

一九四九年：インドネシアが独立を果たす。

・オランダの植民地政策

植民地において「強制栽培制度」を実施した。稲作などの食料生産を禁止してコーヒーやサトウキビなどの欧州方面への輸出用作物のみを作らせた。これらを安く買い取って高価で転売することでオランダ経済が好転し産業革命と近代化がなされた。厳罰制度によって支えられた「強制栽培制度」によって、ジャワ農民は稲や麦などの自給食料を失い多数の餓死者を出している。この制度は日本軍の撤退後も継続されてインドネシア独立戦争の終戦まで続けられた。その違法性を正す動きはオランダにおいて現在もなお消極的であり、当時は政治体制として容認されていたと認識されている。

一九九五年：第六代オランダ・ベアトリクス女王はインドネシア訪問時に「植民地支配はお互いに恵みを与えた」とスピーチしてインドネシア人を憤慨させたとされている。オランダ国内においてはスピーチに対する批判などは起らなかった。

二〇〇〇年十二月：第四十八代首相ウィム・コックはインドネシアに謝罪する用意があると表明したところ、国内で激しい世論の反対にあって謝罪は立ち消えとなっている。

日仏関係略史

日・仏の関わりは、伊達政宗がローマに派遣した慶長遣欧使節に始まる。江戸幕府は、フランスからの軍事顧問団を通じて軍事、経済、法律、芸術などを取り入れ、明治政府になっても陸軍の兵制にはフランス式が導入されている。帝国海軍にあっても創設期には、ルイ・エミール・ベルタンが造船技術の発展に寄与している。彼は一八八六年から四年間、お雇い外国人として滞在し、七隻の主力艦、二十二隻の水雷艇を設計・建造している。松島型防護巡洋艦三隻は日清戦争時の主力艦となっている。また呉と佐世保に海軍工廠を設立し、佐世保造船所廠の建設を指導している。因みに海軍は、一八五五年七月にはオランダ海軍の支援を得て、長崎に海軍伝習所を設立している。

江戸幕府や明治初期の日本は、ナポレオン一世治世下の第一次帝政、三世下の第二次帝政におけるフランスの軍事的躍進を評価して、その関係を望んだようであり、またフランス自身も、帝政時代を誇る傾向にあった。西郷隆盛がナポレオンに心酔していたとの情報もある。

一六一五年：仙台藩主の伊達政宗がローマに派遣した支倉常長《はせくらつねなが》がサントロペに上陸、日仏が初めて接触することになった。

一六一九年：フランソワ・カロンがオランダの東インド会社の社員として日本に着任する。その後一六六四年に、彼はフランスの東インド会社の社長となっている。

一六三六年：フランスのドミニコ会（カトリック托鉢修道会）の宣教師ギョーム・クルテが来日する。彼は禁教令に違反して秘かに布教活動したために、幕吏に捕縛され拷問を受けて一六三七年九月、薩摩藩（鹿児島）で死亡したとされている。

一七八七年：ラ・ペルーズが来日し琉球を訪問する。また宗谷海峡を訪れたことから、彼の名前が国際的に正式な名称として同海峡に付けられることになっている（ラ・ペルーズ海峡）。

一七九四年：五年前の一七八九年に起こったフランス革命の情報が、五年後に長崎出島のオランダ商館から伝わる。当時の国際情勢の伝達速度を知る貴重な情報である。

一八一〇年：ナポレオン・ボナパルトがオランダを制圧してフランスに併合した。しかし出島のオランダ商館は、フランスに従わずオランダ商館として活動を継続している。東インド会社は軍艦や軍人の支援や護衛を受けているが、国立ではなく、あくまで独立した貿易商社であったことがわかる。
一八四四年：海軍大佐率いるフランス海軍が琉球に上陸する。
一八四六年：フランス海軍少将乗艦の軍艦が、長崎に入港したが上陸を拒否されている。
一八五五年：フランスが琉球との間に琉仏修好条約締結。ただし本条約はフランスの外務省よりも、海軍省が主導的に推し進めたきらいがあって、フランス政府としては正式に批准していない。当時の琉球政府は、薩摩藩と清国の両方の支配下にあって、その国際的な地位はあいまいであった。当然幕府の管轄下にはなかった。当該条約については、鈴木宗男議員が平成十八年十一月三十日に国会質問をして確認を求めている。琉球政府は、本条約締結の一年前、一八五四年には、ペリーとの間に「琉米修好条約」（正式には、亜米利加合衆国琉球王国政府トノ定約）を交わしている。
一八五八年：日仏修好通商条約締結（不平等条約）。
一八五九年：フランス特命全権公使が来日。
一八六二年：第一回遣欧使節派遣（オランダ、フランス、イギリス、プロイセン（独）、ポルトガルとの交渉）。当該派遣の目的は、一八五八年締結の新潟・兵庫・江戸・大阪の開港や開市を延期してもらうためと、対ロシアとの間に樺太国境を画定するための交渉。

一八六四年：在日フランス公使としてレオン・ロッシュが来日する。下関戦争勃発（一八六三年と六四年：英・米仏・蘭対長州藩）。同十一月・レオン・ベルニーが来日して、横須賀海軍工廠建設に着手。長州藩が欧米列強と戦争しているにもかかわらず、幕府は何事もなかったように建設工事を進めているのが興味深い。欧州列強も幕府と諸藩を切り離して考えていたのか。因みに薩英戦争（薩摩藩とイギリス海軍との戦い）は、一八六三年である。

一八六七年：フランス軍事顧問団が横浜に到着し、西洋式陸軍創設を支援する。幕府がパリで開かれた万国博覧会に代表団を送っている。その際万博に、幕府とは別に薩摩藩と佐賀藩が独自に出展している。当時の幕藩体制下において、諸藩（薩摩・佐賀藩）が、幕府の許可なく勝手に外交することは認められないと思われるのだが。維新の芽吹きが感じられて興味深い。

因みに同万博に、将軍慶喜の弟、徳川昭武《あきたけ》ら幕府使節が参加し、彼はそのままフランスに留学することになっていた。彼ら一行に対するフランス政府の折衝役であったレオポルト・ビレット陸軍中佐の報告文書によれば、以後の接待において「外務大臣の指示によって一行の欧州巡歴には同行しなかった」と書かれている。また、一行の巡歴中に戊辰戦争が起って、幕府側が苦境に立たされた状況下でも、フランス政府は、彼らに対して特に支援する動きもなく静観していたようである。このことから戊辰戦争に対して、フランス政府は中立姿勢を取ったものと考えられる。

日本国内においては、イギリス側とフランス側が、それぞれ一応中立姿勢を保ちつつも大きな関心をもって情勢を見守っていた。イギリスとしては、一行に対するフランスの対応に大きな関心をもっていたことは確かであろう。フランスとしては、世界一の大海軍を擁するイギリスを無視できなかったであろう。しかし駐日公使のロッシュは、親幕府的側面を見せていた。彼もまた良心を持った外交官のひとりであった。今日の共産党一党独裁政権下の中国の各国大使・公使とは違う。

一八六八年一月：「神戸事件」が発生する。明石において岡山藩士四百五十人とフランス海軍兵とが衝突し、結果、神戸中心部をフランス海軍に占拠される。また三月には、フランス海軍艦艇乗員十一人が土佐藩士によって殺害される「堺事件」が発生する。攘夷運動の激しさを物語っている。

一八六九年：フランスの元軍事顧問団が榎本武揚に付いて、蝦夷共和国の設立を支援し、箱館戦争において新政府軍と戦っている。共和国というラベルに共鳴したのか、あるいは自分たちが支援して育てた軍隊に愛着を感じたのかは不明だが両方の可能性もある。

一八七二年：岩倉使節団がフランスを訪れる。

一八七三年：フランスをはじめとする欧米列強の強い要求によって、明治政府はキリスト教禁止令を解禁することになった。

一八七四年：フランス軍事顧問団の協力を得て、市ヶ谷に陸軍士官学校が設立される。

一八八六年：先述のエミール・ベルタンの海軍の発展に対する業績が実を結んで日清戦争勝利に大いに貢献した。

一八九一年：露・仏同盟結成。フランスの資本援助によってロシアがシベリア鉄道建設を推進する。

一八九五年：露・仏・独による「三国干渉」によって、日清戦争（一八九四〜九五年）で獲得した遼東半島の領有を放棄させられる。一九〇〇年、フランスは欧米列強七カ国の一員として中国清で発生した「義和団事件」に参戦する。

一九〇四年：日露戦争勃発。フランスは、ロシアに戦時国債を融資するが、英仏協商関係も無視できず一応中立姿勢を保っている。しかし日本に向かうバルチック艦隊に対しては、ベトナム（仏領インドシナ）のカムラン湾において補給支援を行っている。

一九〇七年：清国における日・仏の利権を相互に承認する「日仏協約」を交わす。同時に日本は、ベトナム人による仏領インドシナにおける独立運動を抑止すると約している。

一九一一年：日・米、日・仏通商航海条約調印。これによって一八五八年に米・英・仏・露・蘭との間で強制的に結ばされた不平等条約を見直すことができ、五十三年ぶりにやっと関税自主権を取り戻せたことで、日本が真に独立国家となったのである。

フランスの略史

今日ではフランス民族というものはなく、フランス国内で出生するか帰化すればフランス人になれる。フランス人という名称は、ローマ帝国末期にケルト系人が住んでいたガリア地方を侵略したゲルマン系のフランク族に由来している。

一三二八年：フランス王国の王家であったカペー朝が断絶し、諸侯の推挙によってバロワ家のフィリップ六世がフランス王に即位しバロワ朝となる。ところがイングランド王エドワード三世もカペー家の血を引いていたことから、フランス王位とフランス北部の領土を要求してきた。そのために一三三七年から百年戦争に突入する。

一三三七〜一四五三年：フランスを戦場として、イングランド対フランスの間で断続的な戦争が繰り返される（百年戦争）。戦いはイングランド有利で展開していたが、ジャンヌ・ダルクの登場によって戦況が逆転する。最終的にはドーバー海峡に近いカレーを除く大陸領土をフランスが制圧して終わる。

一四四九年：イギリス軍がフランスから撤退し、ギュインヌとノルマンディーがフランス領となった。

一四九八年：シャルル八世がイタリアへの勢力拡大を謀ってイタリアと戦争をする。ハプスブルク家（神聖ローマ帝国・スペイン）対フランス（バロワ家・ブルボン家）の戦いとなった。

一五三三年：カルバンが『キリスト教綱要』を著し、聖書こそが唯一の真理の啓示であるとして、プロテスタントの組織的な神学を確立する。日本の宗教界に置き換えると、ルターは法然や親鸞的であり、カルバンは日蓮的であるともいえる。

一五六二～九八年：ユグノー（フランスのカルバン派教徒）戦争勃発。カトリック対プロテスタントの対立による宗教戦争ともいえる。

一五八九年：カルバン派の首領アンリがフランス王として即位しブルボン王朝が成立する。

一五九八年四月：アンリ四世は、カトリックとプロテスタントの対立を終わらせるために「ナントの勅令」（条件付でプロテスタントに信仰の自由を認める）を発する。しかし一六一八～一六四八年にかけて、神聖ローマ帝国を舞台に宗教や政治に絡んだ戦争が続けられる（三十年戦争）。

一六六一年：ルイ十四世による親政が始まり、ブルボン家の勢力拡大が図られる。ブルボン家は、フランス、スペインを統治したヨーロッパ最大の宗主権をもった王家であった。

一六八五年十月：ルイ十四世になって、先にアンリ四世が条件付ながら認めた「ナントの勅令」を廃棄する。

一七二六年：ルイ十五世の親政が始まる。

一七五六～一七六三年：七年戦争勃発。十八世紀の世界大戦ともいえる七年戦争に突入する。フランスはこの戦争で海外の主要な植民地を失うことになった。アメリカ大陸のカナダ側ルイジアナと西インド諸島をイギリスに、ミシシッピー川以西をスペインに割譲される。これによって米大陸やインド方面からの全面撤退を余儀なくされる。長期に亘るイギリスとの植民地抗争は、フランスに多大の負担と後のフランス革命への種を残すことになった。

一七八九年七月：圧政に反発した民衆がバスティーユ牢獄を襲撃する。これを契機にフランス全土に騒乱が発生する。実はこの事件の数カ月前にも大規模な騒乱「レベェイヨン事件」が起っていた。これら一連の騒乱は、従来の諸制度の変革を求めるフランス革命への過程となった。

一七九一年：一院制の立憲君主制を定め、有産市民のみに限定した「一七九一年憲法」

が発布された。しかし反革命勢力を支援し、革命を妨害する「干渉戦争」などによって施行されなかった。ルイ十六世の王妃マリー・アントワネットは、母方のオーストリアへ逃亡を図るが失敗する。

一七九二年：ハプスブルク家のオーストリア帝国に宣戦布告する。

一七九九年：ナポレオン・ボナパルトが総裁政府（五人の総裁から成る政府）を打倒し、統領政府（執政政府）を樹立する。執政政府は立法機関が四つの院で構成される。しかし政府を構成する三人の執政官の中で、第一執政官のナポレオン以外は名目的な権限しか付与されていなかった。

一八〇四年：ボナパルトがナポレオン一世として皇帝に即位する。ナポレオンは三世まで存在するけれども、単にナポレオンといえばナポレオン一世を指す。

一八〇五年：ナポレオン艦隊とイギリス艦隊との戦い「トラファルガーの海戦」で、ネルソン提督率いるイギリス艦隊に敗北し、イギリス本土上陸の野望は絶たれる。しかしヨーロッパ大陸における戦いでは、オーストリア、ロシアの連合軍に勝利する。ナポレオンは、ドイツ中心の神聖ローマ帝国の諸国家からオーストリアやプロイセンを排除し、残されたドイツ諸国を「ライン同盟」（約四十国）として再編することに成功する。

一八一二年：ロシアに長途侵攻し敗北する（ロシア戦役）。

一八一四年：ナポレオンは、プロイセン、ロシア、オーストリア、スウェーデンの連合軍三十六万との戦い「ライプチヒの戦い」に破れ退位する。。

一八五三年：クリミア戦争が勃発し、翌五四年オスマン帝国（トルコ）、イギリス、サルデーニャと連合してロシアと戦う。

一八五六年：東アジアの清国とアロー戦争を戦い、イギリスと共に清の門戸開放に成功する。いよいよ西欧列強の東洋進出が開始される。

日伊関係略史

十四世紀以前、日本について最初に言及したイタリア人は、商人マルコ・ポーロとされている。その著『東方見聞録』において「ジパング」と記述されている。十五〜十八世紀に亘っては、イエズス会の宣教師オルガンティーノやワリニャーノが来日する。

一五八二（天正十）年：九州の戦国大名（大友宗麟、大村純忠、有馬晴信）らキリシタン大名が、四人の少年たちを名代にして「遣欧使節」としてローマ教皇のもとへ派遣した。これは、ワリニャーノが発案している。同年六月二日、本能寺の変がおこっている。

一六四三年：江戸幕府は禁教令を敷いて鎖国する。しかし、イタリア宣教師のジュゼッペ・キアラが密入国し、捕えられる。彼は拷問を受けた末に棄教し、岡本三右衛門と名乗って生を全うしている。遠藤周作の小説『沈黙』のモデルとなった。後に映画化されている。

一七〇八年：ジョバンニ・バチスタ・シドッチがマニラ経由で日本を目指し屋久島に上陸した。彼は世話人夫婦に洗礼を授けたことが発覚して捕えられ、死ぬまで幽閉されている。本国では三十年にわたる宗教戦争（三十年戦争）が行われているおり、未開の地で、しかも禁教令下の日本での布教に殉じている。長崎から江戸に送られて、将軍徳川家宣《いえのぶ》の侍講《じこう》（講師）であった新井白石の尋問を受けている。白石は彼との対話を基に『西洋紀聞』を著している。著はキリスト教義の解説と批判の書で、スペイン継承戦についても書かれている。白石によれば、形而上的には仏教の亜流とみなし、形而下の学については評価をしている。白石が西洋の汎神論的思考にまで及んでいたかは不明だが、マキャベリズムやプラグマティズム的な思考を持っていたことは確かであろう。

一八六一年：イタリア王国成立。

一八六六年八月：日伊修好通商条約締結。欧州において蚕の微粒子病が流行し、一八六三年頃から、日本から蚕種が欧州に輸出された。その七十五％がイタリア向けであった。

一八七二年：岩倉使節団がローマ訪問し、国王に拝謁する。不平等条約の撤廃はならなかった。

一九〇〇年：義和団の乱や第一次世界大戦があったけれども、日伊間の関係は大きな変化はなかった。この頃、フィアット（自動車）やサボィア・マルケッティ（航空機）などの軍需品の輸入が開始された。

一九三一年：満洲事変に際して、天津に租界（中国政府とリース契約した区域）をもっていたので日本を非難している。さらに、金融財政顧問や海空軍の軍事顧問を常駐させてイタリア製兵器を大量に輸出していたので日本から抗議されている。当時清は、領土を分割支配されるだけでなく、見返りに列強から武器、弾薬、戦術、兵制、教育など様々な支援も受けていたのである。アメリカによる支援だけではなかった。

一九三四年：イタリアとエチオピアの戦争（ワルワル戦争）によってイタリアのエチオピア侵略の意図が明らかになって、日・伊間の関係が悪化する。なぜならエチオピアは日本の重要な貿易相手国であったからだ。コーヒーや皮革を輸入し、綿花製品を輸出していて日本製品の市場占有率は七十％に達していた。この日本のエチオピア進出は、伊・仏・英の神経を逆なですることになった。

一九三六年十二月：日伊協定締結。イタリアが満洲国を認め、日本はエチオピア併合を認めた。日独伊防共協定に参加する。

一九四〇年：日・伊は、東京とローマでのオリンピックの候補地に挙がっていて、ムッソリーニは、一たん東京に譲る姿勢を示したが再び立候補し、「イタリーの寝返り」といわれた。オリンピックの開催は、風雲急を告げる国際情勢下、開催には至らなかった。嘉納治五郎が、日本人初のＩＯＣ（国際オリンピック委員会）委員として、日本招致を成功させた大会でもあった。「日独伊三国同盟」が成立する。

一九四一年：第二次世界大戦勃発。

一九四二年：イタリア軍の大型輸送機で、イタリアと日本間の横断飛行が計画されて、イタリアを飛び立ってソ連上空を避け、ウクライナ、アラル海、バイカル湖をかすめてタルバガタイ山脈（カザフスタン東部）を越え、ゴビ砂漠上空からモンゴル経由、日本占領下の内モンゴルの包頭に着陸。その後、横田基地に着陸する。二週間ほど滞在し、イタリアに帰投している。ソ連と不戦条約を交わしていた日本は、この飛行を秘めてイタリアとの約束通り世界に広く宣伝しなかった。そのためにイタリアの感情を害し、辻政信が帰路に同乗する予定だったのがキャンセルになっている。イタリアはこの飛行を大々的に報道して、二国間の関係が冷えることになった。当時イタリアは、シンガポール（昭南）やペナン（マレーシア）、ジャカルタの日本海軍基地を拠点にドイツ海軍とともにインド洋において日本海軍と共同作戦を行っていた。

一九四三年：ムッソリーニが失脚して、イタリア王国が連合軍と休戦したために、日本は、イタリア王国と国交断絶し、ムッソリーニの率いるイタリア社会共和国についた。以後、イタリアの艦船もどちらにつくかで混乱する。海軍は、ドイツ東洋艦隊に接収され、ドイツ降伏後は日本海軍に接収された。天津のイタリア極東艦隊の要塞は、日本軍によって占領され、多くのイタリア極東艦隊の将兵は日本軍と行動を共にしている。行動に反したものは、名古屋の収容所に収容されている。天津のイタリア租界は、汪兆銘政権の管理下に置かれることになった。

一九四五年七月：イタリア王国（ビットリオ・エマニエル三世治世）が日本に対し宣戦布告した。

日西＝スペイン関係略史

一五八一年〜一六四〇年の間は、スペイン王がポルトガル王を兼ねることになっていた。したがってこの間の両国との関係は重複することになる。大航海時代になって、スペインは、西回りでアカプルコからマニラ航路を開拓し、ポルトガルは、東回りでマカオを植民地とした。

一五四九年：ザビエルが鹿児島に上陸し、キリスト教（カトリック＝イエズス会）布教と南蛮貿易が盛んになっていく。

一五八四年：天正遣欧使節がフェリペ二世に謁見する。

一六〇九年：フィリピン総督であった、ドン・ロドリゴがメキシコへの帰任途中で海難にあい、千葉県の御宿町近くに漂着して住民に救助される。その返礼としてスペインからビスカイノが来日した。

一六一三年：ビスカイノの協力を得て、バウティスタ号を建造した仙台藩が、ソテロや支倉常長ら慶長遣欧使節団をスペインに派遣した。

一八六八年：日西修好通商航海条約が結ばれ、国交回復するけれども明治以降の関係は不活発であった。一六二四年以降、スペイン船の来航は禁止されていた。

一九三六年：スペイン内戦に際し、フランコ政権（ナチ党派）が日本に承認を求めてきたが、日本はしばらく黙視していた。ところが別の政権であったスペイン共和国から新任の公使が派遣されてきた。日本は一応、公使のアグレマン（信任状）は受理したものの、公使館の引き渡しは拒否することにした。日本は反共、反ソを唱えるフランコ派政権にシンパシーを持っていたのである。

一九三七年：イタリアも防共協定に参加し、独・伊が日本に対してフランコ派の承認を求めてきた。そこで日本はフランコ派を承認し、スペイン共和国と断絶した。それによってフランコ派のスペイン政府は、満洲を承認し日本外交に有利な体制が築かれた。

一九三九年：「日独伊三国同盟」へのスペインの取り込みを働きかけて正式に加盟させることに成功する。しかしフランコは慎重で、これを秘匿しておきたかったようだったが、ドイツが意図的にこれをリークし、世界に公表した。ところが同年十月の、ドイツのポーランドへの侵攻は、同じカトリック国で反ソの同士であると考えていたスペインにとって衝撃であった。ドイツはイギリス領ジブラルタル攻撃に、スペインの協力を望み、イタリアもスペインの「日独伊三国同盟」加入を提案していた。ヒットラーとフランコの会談が行われ、フランコは同盟への加入と参戦を約束したけれども、時期については明らかにしなかった。こうした一連のスペイン加入に関わる経緯について、日本は何も知らされていなかった。

一九四一年十二月の日本による真珠湾攻撃は、スペインにおいて熱狂的に受け止められた。また時のラモン・セラーノ・スニェール外務大臣が日本に祝電をも送ってきている。米西戦争によってキューバ、プエルトリコ、グアム、フィリピンをアメリカに奪われた恨みも影響しているであろう。しかしスペインのこうした行為は、アメリカの不興を買い、スペインとの経済交流が中断され、事実上石油の供給が絶たれることになった。不興を感じた相手へのアメリカの常套手段でもあった。

一九四〇年以降：ラモン・セラーノ・スニェール外相は、アメリカに諜報網をめぐらせて、ドイツに有利な情報をドイツ諜報機関に流していた。日本の真珠湾攻撃後、こうした情報は在スペイン特命全権公使らと、ジャーナリスト兼諜報員のベラスコをはじめとするスペイン工作員によって構成された「東《とう》機関」を通じて日本にもたらされている。日本人によるフィリピンにおける、英語とスペイン語の使用禁止や、カトリック教徒のスペイン人への嫌がらせなどが、スペイン諜報関連機関の反発を招き、徐々に距離を置くようになっていった。連合国側も資源の禁輸などでスペインに圧力をかけて、諜報網の壊滅に動いてきて、一九四四年半ばには、「東機関」による情報収集は途絶えた。

一九四五年一月：日本軍のマニラにおける戦いでスペイン人二百人以上が死亡し、領事館も破壊されたために、スペイン国内に激しい反日気運が盛り上がった。義勇軍が結成され、対日宣戦布告が検討された。四月十二日、駐スペイン日本公使に、国交断絶の覚書が手渡された。ただし、スペインと対満洲及び汪兆銘政権との国交は維持されている。これは何を意味しているのか。

日本の降伏後、駐米スペイン大使が米国務省を訪れたところ、米高官の誰一人として対応に出て来ることがなかったようである。

日葡＝ポルトガル関係略史

一五四三年：ポルトガル人が種子島に漂着する。朝鮮や中国人以外の西洋（外国）人との最初の出会いであった。ポルトガル人やスペイン人は、その濃い髪の色から南蛮人と呼ばれ、彼らとの貿易を南蛮貿易と呼称した。一方オランダやイギリス人は、淡い髪の色から紅毛人と呼ばれていた。ポルトガル人は鉄砲、火薬、中国製の生糸などを日本に持ち込み、日本から金・銀・刀剣などが持ち出された。

武器としての鉄砲は、戦国時代にあった当時の日本において、その戦闘様相を一変させた。足軽や騎馬戦による戦いから鉄砲隊による近代戦へと飛躍させた。さらに鉄砲製作過程を通じて機械工業への技術革新の目が開かれた。

一五五七年：中国明朝からマカオの居留権を獲得し、ここを拠点に沖縄及び西南九州との貿易を展開した。

一五六三年：カトリック司祭で宣教師のルイス・フロイスが来日する。彼は織田信長や豊臣秀吉などとも会見している。彼はその大著ともいえる『日本史』を執筆している。

一五八二年～八六年：天正遣欧少年使節が訪れている。

一六〇三年：『日葡辞書』がイエズス会によって長崎で発行された。四年以上の歳月をかけて編纂されていて、中世の日本語とポルトガル語を研究するうえで貴重な資料となっている。また今では失われた日本各地の方言なども散見でき、その道の研究者にとっても有用と思われる。

一六三九年：ポルトガル船の来航が禁止された。この政策は、一八五四年に再び日本が諸外国と交易を開始するまでに約二百年間も続けられたのである。この政策が日本固有の文化や平和な社会をもたらしたと評価すべきか。はたまた、後のあまりにも不本意で急激な近代化（西洋化）によって、あらぬ方向へと導かれ、道半ばにして突然突き放され、重荷を背負わされて今日に至っていると受け取るべきか。

一六四〇年：マカオから貿易再開を歎願するポルトガルの使節が日本へ派遣されてきた。全員捕えられて処刑されている。

一八六〇年八月三日：ポルトガルと日本間に日葡修好通商条約が調印され、二百十五年ぶりに通商が再開されることになった。この時期には、ポルトガルはかつての植民地を大方失っていて、わずかにマカオとポルトガル領のティモールが残されていた。第一次世界大戦では日本とともに連合国陣営として参戦する。ワシントン会議には九カ国条約の批准に日本と共に名を連ねた。第二次世界大戦では、中立を宣言したものの、日本軍にティモール島を占領され、これを拠点に自国が日本軍に攻撃されると恐れたオーストラリアと、近くに植民地を持つオランダがポルトガル領ティモールを保障占領してしまう。保障占領とは、一定の条件を認めることを前提として占領することをいう。当初日本軍は中立を宣言したポルトガル領には侵攻しなかったが、戦況が厳しくなって一九四二年、ティモール島全島を掌握して終戦までの三年間支配した。

一九五三年：終戦後、日本が主権を回復した翌年、日本とポルトガルは外交関係を回復する。その後ポルトガルは、ヨーロッパ最長の独裁体制とされたエスタード・ノーボ（全体主義的独裁体制）時代から、カーネーション革命（無血の軍事革命：明治維新類似）を経て民主化を遂げて、欧州共同体（ＥＣ）に加盟した。しかしマカオの統治は継続している。

一九七五年：東ティモールがポルトガルからの独立を宣言し、インドネシア軍が同島を占領した（東ティモール戦争）。ポルトガルはこれを非難したが日本はこれを黙認した。

一九九三年：ポルトガルは欧州連合（ＥＵ）に参入する。

一九九九年：マカオを中共に返還し、アジアにおけるポルトガル領は全て消滅した。

特異事象として、ポルトガルには古くから奴隷制が存在し、古代ローマやウマイヤ朝などを通してみられるが、十五世紀以降の大航海時代には、黒人を奴隷として大西洋において奴隷貿易が盛んであった。その後のアジア進出に伴ってアジア人を対象とした奴隷貿易が行われ日本人も対象になっている。「奴隷」身分の解釈において、年季奉公人すらも奴隷と看做《みな》していたようだ。また、日本社会における使用人や農民をも奴隷とみなすこともあった。慣習や文化文明の違いとも考えられるが、商売（物々交換）至上主義を発展させて、人間をも単なる物として捉えたともいえようか。

日印関係略史

日本とインドの交流は仏教伝来に始まるとされる。七三六年、奈良時代に仏教僧菩提僊那《ぼだいせんな》（ボーディセーナ）が渡来する。彼は七五二年に東大寺の大仏開眼供養会の導師を務めたことで知られている。日本は、上座部仏教とバラモン（ヒンズー教）が合わさった仏教の影響を受けていて、芸術・学問を司る女神サラスバァティーは、弁財天、ブラフマーは、梵天、ヤマは閻魔（エンマ）として馴染まれている。『平家物語』の「祇園精舎の鐘の音」の精舎は、釈迦が説法を行う場所の事である。今日では、釈迦（インド）と孔子（中国）の区別がつかない人も多くなってきている。インド仏教と日本の神道は、キリスト教やイスラム教の一神教に比べて共通する要素が多かった（今日のヒンズー教は別）。すなわちアニミズムや汎神論的考え方を取り込んだ多神教としての共通性をもっている。日本の文化は、大陸の先進国であった中国、そして中国を介してインドの影響のもとに発達してきたことは事実である。日本の国家観（ナショナリズム）は、この中国やインド文化に対する自主性の確保という形で興ってきたといえよう。文化的には、母なるインド、父なる中国と言えるかもしれない。

一五一〇年：ゴアがポルトガルに占領され、周辺地域の植民地経営やキリスト教布教の拠点とされた。当時の日本におけるキリスト教徒迫害に伴って、日本人のキリスト教徒たちは、マカオやバタビアなどの国外に逃れるが、一部ゴアにも渡っている。

十七世紀初頭には、ゴアに日本人の貿易商やポルトガル船で輸送されてきた日本人奴隷の集落があった。この頃、ポルトガルは奴隷貿易を行っていた。

徳川幕府の海禁政策（鎖国）によって、以後二百五十年間インドとの直接交流は閉ざされる。当時のインドはムガール帝国の時代にあって、まだイギリスの侵略を受けていなかった。日本とは、オランダ東インド会社を介して間接的に交易がなされていた。

一八六八年（明治維新）から一九一二年の間：インドはイギリスの植民地（イギリス領インド帝国）となっていた。しかしインドが中国（清）のように、欧米列強の侵蝕にあって分断されなかったのは、イギリス領になっていたからでもある。不幸中の幸いとみる見方もあろうか。

一九〇三年：日本に日印協会が設立される。正式名称は公益財団法人日印協会で、設立者として大隈重信、渋沢栄一、長岡護美などが名を連ねている。

一九三三年：インド政庁は日印通商条約の破棄を通告する。しかし、翌年一月五日、日印通商条約を再締結した。当時の日印間の貿易は、インドがイギリス領であったことから様々な障害があった。

・インド独立運動と日本

インド独立運動家の多くは、インドから逃れて、当時の中国の運動家同様に日本に滞在していた。その中に著名なラス・ビハリー・ボースがいる。犬養毅、頭山満、大川周明らは、インド独立を目指す彼を支援している。一九四三〜四五年にかけてインド独立運動家たちによる政府（自由インド仮政府）が樹立され、ビハリー・ボースが主席を務めた。彼はイギリスから過激派とみなされて指名手配され、一九一五年に日本に逃れてきてインド独立運動を続けた。その間、日本に亡命していた孫文と親交を結んでいる。

インド独立のための日本からの武器輸送がイギリスに発覚し、ボースの密入国も知られてしまう。当時、日英同盟関係にあった日本は、イギリスの要請を受けて彼に国外退去を命じる。孫文がこれを知って頭山満に彼をかくまってくれるよう依頼した。これを受けて犬養毅や内田良平たちアジア独立主義者がボースを援護している。四カ月ほど匿っていると、政府が退去命令を撤回した。しかしイギリス政府の追及は一九一八年までも続けられた。その間、ボースは日本各地を転々と逃亡生活を続け、一九二三年に日本に帰化している。

一九四一年：大東亜戦争（太平洋戦争）に突入するが、日本軍のインド人に対する扱いは丁重だったといわれている。それはボースたちの影響によるものであろう。日本軍の支援によって、英印軍（イギリス領であったインドの軍）の捕虜を中心として編制されたインド国民軍がつくられた。白人支配からアジアを解放するという目的で作られている。当初大本営の南方作戦にインド攻略は含まれていなかったが、現地の工作機関がインド独立に発展させたようである。インド国民軍の中の、英印軍の中に親英的な者もいて、在日のインド独立運動家は「日本の傀儡である」と宣伝し、インド人同士が反目するようになっていく。イギリスによる内部工作があった可能性もある。その影響でビハリー・ボースの統率力が低下したことから、ドイツ亡命中のスバス・チャンドラ・ボースを招請することになった。彼はイギリスの敵であるドイツにおいて対英工作を働いていたのである。

一九四三年二月：チャンドラ・ボースはドイツ海軍のUボートでキール軍港を出港し、マダガスカル島沖で日本海軍の伊号潜水艦に乗り換えて四月に日本に上陸する。在日中のビハリー・ボースは、インド独立連盟総裁とインド国民軍の指揮権を彼に移譲した。一九四五年十月、チャンドラ・ボースは「自由インド仮政府」を樹立し、主席に就任し合せて英米に対して宣戦布告した。

インド国民軍の総兵力はおよそ四万五千人であった。一九四四年にビルマに移動し、自由インド、インドの解放をスローガンに掲げて日本軍とともにインパール作戦に参加した。補給線が伸び切った日本軍は、食料、弾薬が枯渇し、米軍から補給された強力な火砲を装備したイギリス軍の反撃にあって大敗を喫する。

本作戦は、制空権もなく兵站（後方支援）も不備で無謀な作戦であったが、二人のボースは、インド独立の絶好の機会であるとしてインパール作戦の決定を喜んでいたようである。ビハリー・ボースと東条英機や牟田口廉也も面識があり、ビルマ方面軍司令官であった河辺正三は、インド独立を目指すチャンドラ・ボースの心意気に大きな感銘を受けていたとも言われている。作戦遂行に当たって、人情や同情の心が多少とも兆したら、その作戦は成り立たない。帝国陸軍にせよ、海軍にせよ、大東亜戦争における各種作戦の実施段階にあたって、この情（武士の情け）が陰に陽に影を落としている。太平洋戦争におけるアメリカのマンハッタン計画（核兵器開発）と、完成した兵器を何のためらいもなく人類に対して使用した冷徹さこそが、欧米の戦争なのだ。大東亜戦争と太平洋戦争の大きな違いはそこにある。

一九四五年：日本は降伏する。極東軍事裁判（東京裁判）において、インドのパール判事が日本の戦争犯罪を認めつつも、国際法上の観点から日本の無罪を主張する意見書を発表した。当該裁判は、ドイツ、フランスを中心とする大陸法ではなく、英米法である「共同謀議」を用いて犯罪の立証を簡略化し、日本を裁こうとした検察側の謀略であるともされている。「共同謀議」とは、二人以上の者が法に違反する合意をしただけで犯罪が成立する。その合意が実行に移されたかどうかは問わない。

一九四九年：インドは敗戦で落ち込んでいた日本を励ますために上野動物園に二頭の象を贈っている。もちろん無償であった。パンダの貸し付けとは異なる。

一九五一年：サンフランシスコ講和条約（対日平和条約）調印なる。

インドは、琉球、小笠原諸島の信託統治化や占領軍の継続的日本駐留に不満を表明し、サンフランシスコ講和会議に出席しなかった。対日講和条約の当事国にならなかったのである。

一九五二年：日印間のみで新たに、両国間の講和条約が締結された。その中でインドは日本に対する賠償を全て放棄したのである。

しかしインドは、国内に様々な問題を抱えていて、同盟国とするには時期早々といえる。

日土＝トルコ関係略史

十五世紀において、オスマン帝国（イスラム国家）の勢力が伸長し、それまで陸路を通ってアジア方面からの香辛料などを入手していたヨーロッパ諸国は、このルートを遮断された。そのためにポルトガルやスペインは、アフリカの喜望峰を迂回する海上航路を開拓することになった。一五四三年の日本への鉄砲伝来もこのオスマン帝国の台頭に伴う出来事であったといえる。

一八九〇年：オスマン帝国の使節としてフリゲート艦「エルトゥール」が、日本に派遣されてきた。使節は明治天皇へ親書を手渡し、帰国の途中、和歌山県沖で台風に遭遇して座礁沈没する。特使ほか五百人以上の乗員が死亡している。この事故に際し、紀伊大島の住民が六十九人を救出、天皇は、直ちに医師と看護婦を派遣して救助に当たらせた。生存者には全国から義援金や弔慰金が寄せられた。後に生存者は日本海軍の装甲コルベット艦「金剛」「比叡」によってオスマン帝国に送りとどけられている。和歌山県串本町には、遭難にまつわる記念館が建てられている。

一九〇四年：日露戦争の推移に、オスマン帝国は大きな関心をよせていた。それはクリミア戦争や露土戦争でロシアに圧迫されていたからである。ロシアの南下政策は両国にとって共通の敵であった。日本海海戦での日本海軍の勝利を、オスマン帝国は国を挙げて我が事のように喜んだようである。因みにフィンランドでは、日本の勝利を祈念したトーゴビール（東郷ビール）が製造されている。フィンランドもトルコ同様にロシアにいじめられていたのである。

一九一四年：第一次世界大戦では、ドイツと組んで参戦し敗北する。

一九二二年：ケマル・アタチュルクらの主導でトルコ共和国が成立する。

一九二四年：日・土間の国交樹立なる。

一九二六年：非営利民間団体「日土協会」が発足した。

一九三〇年：日土通商航海条約締結。

一九三九年：第二次世界大戦勃発。開戦当初、トルコは中立を宣言し、中立を保っていたけれども、イギリスをはじめ連合国の圧力に負けて一九四五年、日本に対し宣戦布告する。しかし、国内世論が宣戦布告反対であり、以後日本に対する軍事行動は一切行っていない。サンフランシスコ平和条約締結によって日本との国交回復なる。この際トルコは、日本に対して賠償金その他の請求を一切しなかった。戦後日本は、ＯＤＡ（政府開発援助）でトルコを支援し、イスタンブール市内のインフラ整備などに多額の資金と技術を投入した。ボスポラス海峡の海底地下鉄のトンネルは日本の支援によって行われている。

一九八五年：イラン・イラク戦争に際して、イラン在留日本人の救出にトルコ航空機が出動して二百十五名を救出している。イスラム国家として大分と世俗化が進んでいるが、国民の九割以上がイスラム教徒である。

日中関係略史

中国、後漢時代に書かれた歴史書『後漢書』の中の「東夷伝」（中国の東方に住む人々について書かれた記述）によると、西暦五七年に奴国《なこく》の使者が洛陽で光武帝（漢王朝初代皇帝）から印綬を授けられたと記されている。二三九年には、魏《ぎ》の国から「親魏倭王」と書かれた金印と銅鏡を授かっている。また、『三国志』の中の「魏志倭人伝」によると西暦三〇〇年頃、倭国には邪馬台国《やまたいこく》があって、後に卑弥呼が祭政一致の政策で国を治めたとされている。

四〇一～五〇〇年：倭の五王（讃・珍・済・興・武）による遣使が行われ、南朝の宋にたいして朝貢したことが『宋書』に記されている。程なく朝鮮半島の百済《くだら》から易、詩、書、春秋、礼などの五つの経典を教える専門の五経博士が渡来してくる。当時の倭国は、この五経博士を招来するために任那《みまな》四県（オコシタリ、アルシタリ、サビ、ムロ）と交換したといわれている。五経博士は、中国大陸の近代的な思想、科学、技術を代表する存在でもあった。

この頃仏教も伝わっている。

仏教の受入れについては、蘇我氏（受け入れ派）と物部氏（反対派）の間に武力衝突があったが、蘇我氏の勢力が勝り、受け入れられることとなった。

五八九年：隋の時代になると、中華文化の受け入れが半島経由ではなく、中国本土から直接受容するようになっていく。

六〇〇年：多利思比孤《たりしひこ》が遣隋使として派遣されたと『随書』に書かれているが『日本書紀』にその記述はない。

六〇七年：隋の煬帝《ようだい》の高句麗《こうくり》征伐の五年前、小野妹子が隋に派遣される。聖徳太子が隋に送ったとされる書に記された、「日出づる処の天子、書を日没する処の天子に致す、恙《つつ》無《が》きや」の内容は、上から目線の相当思い切った表現である。使節の妹子は大分と気を使ったであろうと思われる。聖徳太子の胸中に小中華の心意気があったかどうか興味がもたれるところでもある。しかし北部朝鮮の高句麗は隋の東北境の遼河を侵す程の強国であった。煬帝としても高句麗征伐に対して百済、新羅《しらぎ》とは一線を画して中立を保っている日本を無視できなかったであろう。

六三〇年：遣唐使として犬上御田鍬《みたすき》が派遣される。唐からは遣唐使の送り人が日本を訪れて、唐との冊封関係を求めたが、朝廷はこれを拒否している。日本側（朝廷）としては、遣使はあくまでも文化文明の受容であって君臣関係（上下関係）ではないと考えていたようである。

六六三年：唐と冊封関系にあった朝鮮半島の新羅によって滅ぼされた百済を復興させるために、唐・新羅の連合水軍と戦う（白村江の戦）。しかし海戦に敗北して以降、朝廷は「国防」に目覚めて、北九州に防人、大宰府に水城《みずき》（城）を配置・建設する。今日、中国に備えて南西諸島に自衛隊部隊の駐屯や対艦ミサイル・監視所の建設などをするようなものである。昔も今も状況は変わらないものである。この敗戦によって朝鮮半島に進出していた大和朝廷の勢力は消滅させられることになった。

七五三年：鑑真《がんじん》らの来日によって奈良を起点とする天平文化が花開く。平城京を中心として貴族文化や仏教文化が花開いて行く。

八〇四年：遣唐使派遣に随行した最澄、空海の帰国によって、日本における仏教（大乗仏教）の基礎ができる。

八九三年：僧中瓘《ちゅうかん》が商人を通じて唐王朝の衰退について朝廷に報告している。こうした国際情勢に関する情報が、遣唐僧から朝廷にもたらされた記録はめずらしい。商人たちの間では、仕事がらこうした情報は共有されていたようである。外務省よりも商社や海外進出企業の情報入手が早くて正確であるような現象である。

八九四年：八七五年の「黄巣《こうそう》の乱」（重税による農民らによる大規模な武装蜂起）などを契機とした唐の崩壊に伴ない、菅原道真の建議によって遣唐使が廃止される。これが前記僧中瓘の報告によるものかは不明である。遣唐使廃止後は、主として宋の官人や商人たちによる日本への一方的な交易となっていった。

九三五〜五七年の間：呉・越（五代十国時代に浙江省と江蘇省辺りを支配した国）との間に国交があり多少の交易がなされている。

九六〇年：趙匡胤《ちょうきょういん》（太祖）による北宋の建国に伴って、大宰府を通じて限定的な交流があった。奝然《ちょうねん》、成尋《じょうじん》らが宋に渡っている。

一一二七年：「靖康《せいこう》の変」がおこる。女真族の国家金国が、華北を奪い取って北宋を滅ぼした。しかし金国は、広大な中国大陸への急激な展開は兵站《へいたん》（補給）の観点から不利とみて深入りせず、華北に傀儡《かいらい》国家（自分の言いなりになる国家）を樹立して対南宋との緩衝地帯としてむやみな南進を避けている。

ナポレオンの長途ロシア遠征の敗北、第二次大戦時のヒットラー＝ドイツ軍によるソ連侵攻の失敗、日中戦争時の帝国陸軍の大陸縦断進軍などの失敗は、全て広大な大陸での補給線（兵站：後方支援）が確保できなかったことが主要因となっている。華南に逃れた北宋政権が南宋を樹立する。

一一五六年：日本国内では平氏が台頭し、平清盛が摂津を中心に日宋貿易を盛んにする。この頃大宰府は衰退してきており、商人たちによる盛んな日宋貿易で、国内に宋銭が大量に流入して日本社会が貨幣経済時代を迎えている。また栄西や道元らによって禅宗や茶が伝えられる。

一二六八年：モンゴル帝国が朝鮮半島の高麗《こうらい》を通じて日本に服属を求めてきた。関白にまで昇進した近衛《このえ》基平《もとひら》の日記『深心院関白記《じんしんいんかんぱくき》』によれば、当時未だ蒙古のままであった元帝国からの使者と初めて折衝したことが記されている。この際、これまで通りの日宋関係を続けていたら、日・元関係に悪影響を及ぼすであろうことが明らかであったにもかかわらず、そのことを鎌倉幕府に通報し、調整した形跡が認められない。第一次元寇「文永の役」の起る六年前、高麗使藩阜《はんぷ》が、蒙古国書をもって大宰府を訪れている。役の起る三年前、今度は蒙古使趙良弼《ちょうりょうひつ》が大宰府にきている。それでも朝廷における対応の跡がみられない。そうこうしているうちに、ついに一二七四年の「文永の役」となる。文永の役の前後六回ほど、元の使者が日本に派遣されてきているが、朝廷はこれを黙視（拒否ではない）している。文永の役後、直接鎌倉に来た杜世忠《とせいちゅう》は滝の口において、執権北条時宗の命によって斬首される。征夷大将軍（防衛庁長官）に外交権はなかった。また、征夷大将軍は敵の軍門に降ることを潔しとしない。同時代の歌人（知識人）藤原定家（左近衛権中将《さこえごん》で従三位公卿に列し天皇に近侍している人）が、その著書『明月記』に「紅旗西戎《こうきせいじゅう》は我が事に非ず」（大義名分ある戦争も自分とは関係ない）と記している。当時の公家たちの外寇（外国からの攻撃）に対する一般的な対応の在り様であろうか。恐らく当時の庶民は、公家たち以上に、己がことさえもままならない無関心な状況であっただろうに。

当時の朝廷も幕府も、盛んに宋と貿易を行っていながら北宋が南宋へと追われ、遂に蒙古によって侵略された情報を得ていなかったようである。宋帝国に頼っていたら安心だと考えていたのか。島国の呑気さと、国政に携わる貴族たちの国防意識の希薄さと無責任さがうかがえる。

日蓮は、こうした情報を商人たちから入手したのであろう「文永の役」の起る以前に、執権北条時宗以下十一カ所に外寇《がいこう》（外国からの攻撃）を警告する文書を手交している。「高祖遺文録《こうそいぶんろく》」（小川泰堂《たいどう》：幕末維新期の日蓮遺文校訂者で医師）の記録に同様のことが書かれている。

一二八一年：ついに第二次蒙古襲来（弘安の役）となる。元は朝鮮半島の高麗と、南宋の捕虜で新たな軍を編成して攻めてきた。この捕虜にした軍隊を先兵として次期の戦いに使用することは、ロシアやソ連の常套手段でもあった。元はさらに、三度目の日本侵攻をも計画していたようであるが実行されなかった。

一二九三年：二度にわたる元帝国の襲来を受けた鎌倉幕府は、次に備えて九州に鎮西探題を設置し、九州の御家人（兵隊）の指揮統制を図っている。日・元二国間の関係が落ち着いた後は、鎌倉幕府公認のもとで「寺社造営料唐船」などが元との交易に派遣されて、主要な寺社の修復や増築が進められている。

一三六八年：洪武帝が明を建国する。海禁政策によって官船や民間の商船による自由貿易が禁止され、「朝貢貿易」のみが許可されることになった。

一四〇一年：三代将軍足利義満が遣明船を派遣し、永楽帝から「日本国王」に指定されて明王朝との冊封関係を結ぶ。ただしこれは、室町幕府（征夷大将軍府）を代表したものか、あるいは義満個人としての関係かは明確でなかったようである。うやむやな関係のまま、明との交易が続けられていくことになっている。「朝貢交易」制度は、相手国の文明度や国力に応じて、君臣関係を明確にする場合と交易を主ととらえる場合がある。朝貢交易の本来の在り方は、強大な国家（大帝国）が従属（隷属）する国家を徳と礼節をもって遇し、従属国は礼節をもってこれに答えるという阿吽《あうん》の呼吸によることにある。欧米国家が採用している一律の最恵国待遇による通商条約とは大きくことなる。

したがって相手国の内情に応じて条件が異なるが、一律による弱小国などへの被害を低減できる利点もある。ただし「徳と礼節」が欠けると、今日の習近平＝中国の対外政策となって相手国の経済破綻を招くことになる。

一五二三年：遣明船派遣の権利をめぐって、大内氏抱えの博多商人と細川氏抱えの堺商人が対立して、「寧波《ねいは》の乱」（中国浙江省北東部の港湾都市での争い）が起る。これによって交易が一時中断するが、大内氏側が勝利して後に遣明船が再開される。

一五九二年：日本を統一した豊臣秀吉は、明国征服を企てて李氏朝鮮に協力を求めた。しかし交渉が決裂し、二度にわたって半島に侵攻したけれども失敗（文禄・慶長の役）におわる。

一六〇三年：征夷大将軍に就いた徳川家康は、明と朱印船貿易を行う。明から多数の民間人が来日し、九州を中心に唐人町が形成されるほどであった。三代将軍家光は、日本型華夷秩序（制限交易）を求めて海禁（限定交易：鎖国ではない）政策を確立する。一六三三年以降、奉書を持つ船舶以外の海外との交易を禁止する。

歴代の中華王朝は、匈奴《きょうど》や夷狄《いてき》との戦いにおいて度々「堅壁清野《けんぺきせいや》」（焦土作戦）を採用してきた。これは城壁内（自国領内）に自軍や住民を全て取り込んで、城外のインフラを徹底的に破壊し尽し、敵に何も与えないで時間をかけて敵を弱らせる戦術である。ナポレオン戦争やドイツ軍のソ連侵攻、また大東亜戦争時の蔣介石軍の重慶への撤退作戦でも適用されている。戦略爆撃機や弾道ミサイルのない時代には効果的な戦術であった。

一六四四年：ツングース系の女真族（満洲人）によって明が滅ぼされ異民族による「清」王朝が誕生する。清は欧米列強が進出して来る以前の初期段階においては、オランダや朝鮮、琉球、蝦夷地などと朝貢交易をしていた。この時期のオランダは、他の欧米列強とちがって相手国に合わせた貿易をしている。そのことが後の日本との貿易において最後まで認可された要因であろう。

一六五一～八〇年：四代家綱の頃、日本国内では文治政治が進展し、多くの漢籍（漢書）が輸入される。儒学が尊ばれ朱子学も学ばれる。また反対に朱子学（外来文化）を否定し「古学」（和学）が興る。さらには国学が発展し、天皇中心の体制を理想とする皇学へと発展していく。この思想が基になって横柄な欧米列強に対する攘夷（排外）思想と合わさって、昭和初期の軍国主義へとつながっていくのである。この思想の変遷は日本にとって大きな影響を及ぼすことになる。日本の文化史を通じて五経博士招来以来はじめてともいえる中国文明に対する離反である。その先がけとなったのが、夷狄《いてき》（えびす）による中華帝国の征服、すなわち元帝国や清王朝の誕生である。これによって天とも仰いでいた漢王朝によって打ち立てられていた大中華の幻影が消滅する。ついで欧米列強によって起こされた「アヘン戦争」や「義和団の乱」などの結果、中国の独立国家としての体を成さない無秩序さと、だらしなさが暴露する。なおその上に加えて近代文明として受け入れた欧米列強の傍若無人ぶりに対する排撃心が幾重にも重なって当時のアジアの代表をもって任じる日本人の思想と心情を根底から揺さぶり覆したのである。中国に対する憐憫の情は憎しみと区別がつかなくなり、脱亜入欧してみても彼らを信じられない現実にジレンマを抱くことになった。むしろ彼らと共に行動することができていたならその後の重荷を抱え込むこともなかったであろうに。

一八四〇年：イギリスが清との間に「アヘン戦争」を起す。

一八五三年：ペリー来航後、日本は欧米列強によって強制的に不平等条約を結ばされる。

一八五六年：英・仏が共同して清に対し「アロー戦争」を仕掛ける。これらの戦いに成すことなく敗北した清に対して、これまで日本人が仰ぎ見てきた中華帝国に対する見方が変化することになった。すなわち聖人の国家、不動の大帝国として認めていた国家像が瓦解していくのである。清国の惨状に際して、対外との制限交易政策を採っていた江戸幕府は大きな衝撃をうける。それによってこれまでの頑なで自国本位な対外政策が見直されることになる。やはり何事も外圧によらないと変われない日本の姿がそこにある。

一八七〇年八月：維新のなった明治政府は、近代文明の伝達者としての心意気をもって、清に対して平等で対等な国家間の付き合い（修好提議）を求めるけれども清に断られる。しかし後に李鴻章《りこうしょう》や曽国藩《そうこくはん》といった清国の政治家や知識人たちが日本と通商を開くことに理解を示したことで修好にこぎつけることができた。

一八七一年九月：伊達宗城と李鴻章の間に「日清修好条規」が調印される。両国にとって、これまでの朝貢や冊封ではない近代的な対等条約であった。しかも列強による不平等条約ではない、真に平等な条約でもあった。また他国から不公正な扱いを受けた場合は、相互扶助をする規定もあったことで、列強から攻守同盟ではないかと疑念をもたれるほどであった。この日・清間の修好条約の精神が、二国間において今少し長期間にわたって共有されていたなら、列強の極東侵略を防ぐことができ、大東亜共栄圏の構想も「胡蝶の夢」ではなかったであろう。

一八七五年：江華島事件が発生する。未だ清国の冊封下にあった朝鮮は、中国に倣った厳格な攘夷思想（排外思想）のもと、日本の修好提議を断じて受け入れず、欧米列強なとも国交断絶の状態にあった。これをなんとか打開しようとして日本が引き起こした事件である。以後日本は、当初親日派であった閔妃《みんひ》（高宗の妃）一族を支持する。そのために親清派の大院君（高宗の父）派が日本大使館を襲撃する事件に発展した。これを機に、日清両国が朝鮮に軍事介入し、「壬午《じんご》の変」（京城事件）に発展する。清は事変終息後、大院君を拉致・抑留するとともに、事変後に清側に寝返った閔妃らを含む事大党（守旧派）と協力して朝鮮の政治及び軍事の実権を握った。

一八八四年：清・仏戦争（清の冊封下にあったベトナムの植民地化を狙うフランスと清の戦い）に乗じて朝鮮国内に独立指向のクーデターが起るが、清軍によって鎮圧される。

一八八五年：伊藤博文と李鴻章間に天津条約が結ばれ日清両軍は互いに朝鮮から撤退することになった。

一八八六年：長崎寄港中の清国北洋艦隊の水兵が暴動事件を引き起す。清は南進するロシアに対する牽制と朝鮮への威圧を目的として、ドイツ製の定遠《ていえん》、鎮遠《ちんえん》の両巨大戦艦を含む六隻の艦隊を朝鮮に出動させた。その際、定遠、鎮遠に故障が発生し修理が必要となった。しかし当時の中国は巨大戦艦をドイツから購入はしたけれども、これを保守整備するドックやインフラの設備や技術を持っていなかった。そのために長崎に入渠することになった。そこで五百名の水兵が日本側の許可なしに上陸し、泥酔して市内で暴れ回り、婦女子を追い廻したり、遊郭で備品を壊したりして巡査と衝突した事件（長崎事件）が発生する。

一八九四年：朝鮮において李氏王朝に不満を持った農民の暴動（東学党の乱）が発生する。この鎮圧に清が軍事介入したために日本も同時に出兵する。これが日清戦争に発展することとなる。

一八九五年：日本が勝利し、下関条約によって遼東半島や台湾が日本に割譲されることになった。以後、台湾統治のために総督府が置かれて、今次大戦の終戦まで日本による台湾統治が続けられた。日本国内においてはジャーナリストであった尾崎行雄が、支那《しな》（清）の未開さを根拠に大陸侵攻を強く主張したり、北一輝が「アジアを救う（欧米列強の束縛からアジアを解放する）のは日本だ」との主張や類似の思想などが展開され国民に支持されるようになっていく。これを機に、「脱亜入欧」思想が現実のものとなってきて、江戸幕藩体制下では考えられなかった統一国家としての気運が高まった。この異常な熱狂ぶりに対し、下関条約に外相として参加した陸奥宗光は、後の日露戦争後の「連合艦隊解散の辞」で東郷元帥が述べた、「勝って兜の緒を締めよ」の実感をすでに独り感じていたのである。すなわち「勝者がかえって敗者よりも苦境に立たされる可能性」について危惧していた。はたして欧米各国の過大な称賛は、嫉妬へと転換し、「黄禍論」を生み、台頭著しいアメリカの日本人排斥運動へと繋がっていくのである。

一八九五年：露・独・仏の三国干渉によって、日本が日清戦争で清から獲得した遼東半島の利権が剝奪される。その後清国は、欧米列強によって多くの土地や港湾などが分割接収されていくことになる。

一九〇〇年：宗教系の秘密結社が「扶清滅洋《ふしんめつよう》」（清を助け西洋を滅ぼす）を掲げて大規模な反キリスト教布教や反帝国主義運動を起こす（義和団の乱）。しかし欧米列強に日本を加えた八カ国の軍事介入によって鎮圧され、以後外国軍隊を北京に駐留させられることになった。また巨額の賠償金をも支払わされることになる。中国国内のこうした事件や反乱は、列強の傍若無人的な振る舞いにも理由があったが、中央政府の統治能力のなさや国民の秩序感覚の希薄さにも大きな原因があったのである。

一九〇四年：日露戦争勃発。翌年アメリカ大統領の仲介でポーツマス条約が結ばれる。日本はロシアから南満州鉄道（満鉄）の利権を譲り受け、戦後もロシアとの協商を維持しつつ、満洲経営に乗り出す。日露両国にとって関係の維持は満洲権益を狙うアメリカを牽制するために必要であったのだ。

吉村昭著『ポーツマスの旗』（新潮社・一九七九年）は、当時の国際情勢を背景に、会議に臨んだ全権小村寿太郎の苦心を書いている。当時の首相桂太郎は、元老の伊藤博文に会議への出席を求めた。しかし伊藤は国民の期待に応える結論が得られないことを承知していたのでこれを断る。

そこで桂は外相の小村に頼んだのである。小村の横浜出帆は、日の丸の旗と万歳の声に沸いていた。会議は当然難航した。日本の国力は限界に達していたが、ロシア軍には余力があって、われわれは敗戦国ではない、不本意な条件で協定は結ばないと強硬姿勢であった。最後の最後に南樺太だけが確保できた。調印直後、彼は病に倒れその場（アメリカ）で闘病生活にはいる。その間、国内に条約調印に不満を持つ市民の大暴動（日比谷焼打ち事件）などが発生し、小村の自宅も襲われた。彼が帰国したとき、日の丸の旗を振る者は一人もいなかった。

帰国後、彼は桂たちがアメリカとの間に結んでいた、鉄道家ハリマンとの南満洲鉄道（満鉄）の共同経営権に関する覚書を無効にさせた。この処置は彼の腹いせからではなかった。ただでさえ戦利品がないのに、満洲の鉄道までもアメリカに乗っ取られては、国民の怒りはいかばかりかと考えたからであった。

小村は、以前独・仏・露による「三国干渉」に際して、朝鮮半島をロシアに奪われることを危惧して、ロシアの極東への進出を最も嫌うイギリスと日英同盟を結ぶことに成功している。元老伊藤博文などは「ロシアのアジア侵略は憎むべきであるが強国なので対決は無理だ。心を開いて話し合い、ロシアと協定を結ぶべきである」と考えて単独モスクワに交渉に出かけたほどであった。伊藤たち当時の元老には、「恐露《きょうろ》」（怖いロシア）というイメージが強かったのである。それは、ロシア人が千島、樺太、蝦夷《えぞ》（北海道）と相次いで侵入し、日本人と衝突を繰り返した過去があったからだ。また、一八六一年には、ロシア軍艦が対馬にやってきて住民を殺害し、占拠したりもしている（軍艦ポサドニック号事件：不凍港獲得の一環とみられる）。当該事件はイギリスの支援（介入）によって事無きを得ている。小村はこうしたロシアの行動から、「ロシアの建国精神は、土地（領土）の略奪である」と見抜いている。

小村は、「ロシアはあくまで満洲から朝鮮半島を支配する意図を持っている。従って利害を同じくするイギリスと組んでロシアが日本の要求を受け入れざるをえなくするのが得策である」との意見書を提出して、ロシアとの妥協派の元老たちを懸命に説得し、日英同盟の締結にこぎつけたのであった。イギリスは当時、世界最強の海軍国であった。同盟の効果は確かなもので、この後二十年間、この同盟は日本の国際関係のバックボーン（大黒柱）として無形の力を発揮し、日本の安全と発展に貢献したのは確かである。

一九〇五年九月五日：日比谷焼打ち事件が発生する。日露戦争で日本が勝ったのに、戦利品が国民の多大な犠牲に見合わないとして起こされた。群衆は内相官邸や警察署や交番などを襲撃し、東京周辺都市に戒厳令が敷かれる程であった。背景には、今日同様にマスメディアの煽動もあった。

一九一一年：中国において孫文らによる辛亥《しんがい》革命が興る。翌年南京に中華民国臨時政府が成立する。

明治維新後、わけても日露戦争後の日本には、アジア各国から、列強の植民地からの独立運動をして迫害された活動家たちが多数亡命してきていた。著名人として朝鮮の金玉均《きんぎょくきん》、インドのチャンドラ・ボース、ベトナムのクオン・デ、ビルマのオン・サン、フィリピンのアルテミオ・リカルテなどがいる。

中国辛亥革命の父といわれる孫文もそのうちの一人だった。その頃中国は、北方の少数民族の満洲族（ツングース系）が清朝を打ち立てて多数派の漢民族を支配していた。さらには、欧米列強によって次々と領土を侵略接収され、その上、国内はアヘンと賄賂が横行して国政は乱れに乱れていた。広東省の農家出身であった孫文は、清朝打倒をかかげて革命運動をおこした。しかし、独立独歩感覚に乏しい当時の中国国内事情から失敗し、日本に亡命してきた。日本には彼の革命運動に賛同し、援助する多くの人々がいた。中でも親身だったのが宮崎滔天《とうてん》であった。

この二人の出会いが中国の革命運動と日本の中国支援を結び付けることになった。孫文は日本を拠点として革命を準備し、滔天は中国に渡って中国の運動家たちを支援した。中国の国内事情からして、それは並大抵のことではなかった。一九〇五（明治三十八）年、滔天の斡旋で、東京において中国革命同盟会が結成される。これには、日本にいる中国人留学生の多くが賛同している。同盟会の機関誌「民報」は、留学生や中国本土の青年たちの胸を打ち、革命への気運をたかめたのである（日本教育研究所所員、入川智紀）。

この頃、近代文明の受容を求めて康有為《こうゆうい》が先頭に立って中国の近代化を図る目的で、万に近い若者たちが日本に留学して来るようになっている。魯迅《ろじん》と藤野先生の交流などもあった。周恩来も明治維新後、日本に学べとして明治大学政治経済科に二年間通学している。また蔣介石にいたっては、二度も来日し「東京振武《しんぶ》学校」に入学し卒業している。東京振武学校とは、それまで中国の私費留学生を受け入れていた日本の私立の中・高等学校における生徒たちの保障を在日中国公使が拒んだために、代替として日本陸軍参謀本部が特別に設立した学校である。山縣有朋はこの設立に反対したけれども、時の福島安正《やすまさ》陸軍少将が押し切って設立に至っている。「断じて行えば鬼神もこれを避く」当時の軍人における正義感とアジア圏における共生感が感じられる。

一九一二年：清朝十二代宣統帝「溥儀《ふぎ》」が退位させられて、清が事実上崩壊することになった。

一九一五年：大隈内閣は中華帝国の承認と引き換えに、山東半島のドイツ利権を継承することなどを記した「対華二十一カ条要求」を強制的に（欧米流に）袁世凱《えんせいがい》に了承させた。大隈は第一次世界大戦への参戦の可否についても、独断的承認をしていて国政を軽んじる傾向にあったようだ。交渉担当が強硬派の外相加藤高明であったにしてもである。当該要求が後の二国間関係にもたらした「負の遺産」としての影響は計り知れない。外交上の失敗といえる。なぜなら、後にアメリカによって主導されたワシントン会議は、日本と中国の連携を危惧したアメリカの日中離間策でもあった。

中華帝国はこれを屈辱として、日本の影響力を削ぐ目的で、第一次世界大戦に連合国側に立って参戦した。しかしパリ講和会議（ベルサイユ条約）において、日本の山東半島権益はそのまま認められることとなった。当時の欧米列強（先進国）の考え方が日本の手法と合致していたからである。また、欧米列強の当時の中国に対する見方（評価）が如実に反映されているとみなければならない。

一九二一〜二年：ワシントン会議において、日本の極東及び東南アジア・南洋諸島方面への進出を阻止するアメリカの戦略としての「ワシントン体制」が確立される。これを受けて幣原喜重郎外相は、対中・対米宥和政策に転換する。日本国内では、第一次世界大戦によって興った局地的な好景気（自国が直接的な戦争当事者ではなく、戦争地域に供給される物資・兵器などの輸出によってもたらされる好景気）に沸いていた。これにともなって日本国内では政治・社会・文化などにおいて欧米風の自由や民主主義的な思潮が蔓延する（大正デモクラシーと呼ばれている）。

一九二六年：中国国民党は孫文の死後、袁世凱（中華民国第二代臨時大統領で、北京を拠点とする軍人（軍閥）政権の頭目）や汪兆銘（孫文の直系で和平・反共・建国や「国共合作」を統治原理とする穏健派）及び蔣介石（当初汪兆銘派に属するが、袁世凱による軍閥や各地に散在する馬賊・盗賊団の平定には武力が必要であるとする武力統一派に変身）の三巨頭に受け継がれることになった。袁世凱の後を張作霖が引き継いだけれども、後に蔣介石軍の「北伐《ほくばつ》」（北方の軍閥政府＝北京政府打倒の戦い）によって壊滅させられる。

九月、「万県事件」が起きる。当時四川省万県においては、日・英がそれぞれ運用する商船への中国兵の無賃乗船や妨害行為が横行していた。その状況下でイギリス商船が中国兵によって拿捕抑留される事件が発生し、イギリス軍と中国兵間に戦闘が起った。戦闘中にイギリス軍艦が万県市街を砲撃した。現地の新聞は、一方的にイギリス側に責任があると報道したので、日本側が報道の誤りを各報道機関に通電させ訂正させた。本事件勃発に際し、日本軍はイギリス軍からの支援依頼を断って、中国側へは抗議のみにとどめていた。この日本側の中立的な行為は、英・中双方にとって歓迎されるものではなかった。日・英関係のみならず、日・中関係にも悪影響を与える結果になったのである。なまじ仲介や公正を貫いたことで、日本は大きな過ちを犯したのである。イギリス側は日本が味方ではないと判断し、中国側は、日本が欧米側の走狗《そうく》であるとみなしたのである。外交関係の難しさを示しているといえる。後の「南京事件」もこうしたカテゴリーに入るであろう。今日の日本外交姿勢にも同じことがいえる。

一九二七年：東方会議（田中義一政権下で実施）において日本の中国大陸やシベリア政策が話し合われ、これまでの幣原外交姿勢が見直される。すなわち列強と同様に居留民保護を積極的に実施することにした。

一九二八年：日本政府が支持した北京政府（北洋軍閥政府）が国民政府（蔣介石）によって陥落させられる。日本政府の予想と異なったことから、関東軍は張作霖爆殺事件を引き起こすことになった。事後中国国内は一応南京政府（蔣介石の国民党）が代表権を握る形となった。しかし中国国内には未だ複数の軍閥グループやロシアと結んだ共産党政権が割拠《かっきょ》（散在）していた。

一九三〇年：イギリスの発案でロンドン海軍軍縮会議が開かれる。イギリスは第一次世界大戦で疲弊しきっていて大英帝国時代に築いた世界各地に広がる植民地の維持確保について悩まされていた。そのためにどうしてもアメリカ以上の海軍力の維持確保が必要であった。

西太平洋及び極東・インド方面に進出を企図するアメリカ、西南太平洋諸島方面に植民地を持つ仏・蘭・葡・独、わけても日本帝国海軍の存在は、イギリス海軍にとって大きな脅威であった。そのためにワシントン会議でアメリカに一方的に押し切られた失策の挽回を図るために、同会議を呼びかけ挽回を図ったのである。しかし結果は日本と同じように、またもや強硬なアメリカに押し切られてしまった。

これは日・英間の連携不足や革命の終焉期にあったロシアを招かなかった（アメリカの戦略か）ことも要因ではあるが、第一次世界大戦においてヨーロッパ諸国（特にイギリス）がアメリカの援助を受けたことで強硬な交渉ができなかったことが大きな要因であろう。またアメリカは日本と同様に海洋国であったので、ヨーロッパ諸国が長年にわたって培ってきた外交における諸国間の勢力均衡（パワーバランス）の重要性に対する理解が不足していた。

一九三一年：満州事変（柳条湖事件）が発生する。関東軍が、奉天（瀋陽）北部の柳条湖の南満洲鉄道（満鉄）上で線路を爆破し、これを中国軍の仕業にみせかけて武力制圧しようと試みた事件である。一般には軍部の暴走による事件とされている。しかし日比谷焼打ち事件などにみえる、大衆（国民）の心情やマスメディアの影響についても考慮されなければならない。なぜなら明治維新後、日本においても国民国家の形成が進んできて、その意向（世論）が無視できなくなっていたからだ。勇ましい政治家や軍部への世論の後押しも大きく働いていたとみなければならない。歴史が動く（エポックメイキング）時には、必ずや何らかの大衆の意向が働いているとみるべきである。大衆は臨在感（在りもしないものを在ると感じる）的な空気に支配され易く、俊敏な政治家がそれを鋭く感知して利用することで政治（権威主義や専制主義であれ、民主主義でも）は動かされていく。ある特定の原因だけで国家方針が動かされることは極めて稀なことであろう。

一九三二年：ワシントン・ロンドン両海軍軍縮会議の結果、自国およびアジア諸国にとって不利な国際環境下に置かれた日本はせめて既存の満州権益だけは確保しようと「満洲国建設」という禁じ手に打って出ることになった。

一九三五年：日本に対する逆風ともいえる一連の国際情勢下においてそれまで通説となっていた「天皇機関説」を排撃し天皇絶対の国体にすべきとする運動がおこる。これによって政府は二度にわたって「国体明徴《めいちょう》声明」を出すことになって天皇機関説提唱者の美濃部達吉は貴族院議員を辞任することになる。

一九三五〜三六年：二・二六事件が勃発する。陸軍青年将校たちによる政府要人の襲撃事件が起った。軍部をはじめ同調する世論もあって当初鎮圧に難航するが、昭和天皇の強い意志が働いて終息する。しかし国内政治に対する不満の受け皿として軍部の発言権が強くなって議会政治の根幹が崩れていく。一方中国大陸では蔣介石によって一応安定の兆しを見せはじめたけれども、国共内戦（国民党対共産党の戦い）や反日に関わる殺傷事件が頻発していた。「成都事件」、「北海事件」、「漢口邦人巡査射殺事件」の発生、上海では日本人水兵射殺事件が起こる。次第に抗日運動が激しくなって遂に「国共合作」（中国国民党と共産党の協力体制）方針が敷かれることになる。

一九三六年：北京政府派であった張作霖の長男張学良による蔣介石拉致事件「西安事件」がおこる。本事件によって蔣介石は「国共内戦」の停止と抗日一致方針（国共合作）を約束させられる。この事件をきっかけに、十年にわたって続けられてきた「国共内戦」が停止するとともに壊滅寸前であった共産党が復活することとなった。

一九三七年七月七日：盧溝橋事件（日本軍と中国軍との衝突事件＝日中戦争の始まり）発生。以降、日中両軍は宣戦布告なしに戦争へとのめり込んでいくことになる。当初日本は不拡大方針であった。しかしドイツ陸軍総参謀長で蔣介石の上級顧問を務めたハンス・フォーン・ゼークトの勧めで、蔣介石が南京に設立した反日秘密警察組織「藍衣社」などによる抗日運動の激化に伴って、頻発する大小さまざまな日本人襲撃・虐殺事件を受けて次第に強硬姿勢に転換していくことになっていく。

「国共合作」については、一九二四〜二七年と一九三七〜四五年の二回にわたって実施された中国国民党と中国共産党の間に結ばれた協力関係である。目的は中国国内に横行する軍閥や北京政府に対抗する目的の協力体制である。二度目の協議においてはソ連コミンテルン（世界各国の共産党の国際組織）の方針が働いている。しかし二度の協力関係構築の試みも結局うまくいかず、国民党軍の優勢によって共産党軍は壊滅寸前の境地に立たされていた。ところが「盧溝橋事件」と「第二次上海事件」によって国民党軍が弱体化して共産党が息を吹き返すことになったのである。

日中の軍事衝突「盧溝橋事件」と「第二次上海事件」によって窮地に立たされた蔣介石は、やむなくソ連との中ソ不可侵条約締結と中国共産主義勢力との連携を図る方針に切り替えざるをえなくなった。中ソ不可侵条約締結後、ソ連は人員物資を含む多大の支援を国民党に実施することで、蔣介石の反共産化政策を放棄させることに成功する。また日本軍の攻勢に危機感をもった米F・ルーズベルト大統領は、蔣介石第二夫人宋美齢《そうびれい》の働きかけや母方の祖父が中国でアヘン貿易で財を成していたことから親中的だったこともあって「義勇軍」（輸送機部隊）を編成して武器弾薬・軍事顧問を中国に派遣する。

一九二七年十一月、蔣介石率いる北伐軍が南京在留外国人に対し、暴行、略奪を行った。米英はすぐに反応し、軍艦三隻をもって艦砲射撃をしつつ、陸戦隊をも上陸させ居留民を保護した。しかし、幣原喜重郎外交方針の下、日本軍はこれを傍観し、日本人居留民の保護に軍を出動させなかった。その結果、米英は日本を中国寄りとみて警戒することになった。

当時の中国や中国人に対してのみならず、諸外国との外交関係においても、この様な優柔不断、支離滅裂の対応は、政治・経済・軍事などの面において受け継がれているようである。その結果今日の中華人民共和国の誕生を招くことにも貢献してきたのである。「生き馬の目を抜く」ともいえそうな、今日の国際情勢下における各国の国益追求競争の現実に、政治を動かせる力を持つ国民は、無関心や寛容さだけをきめこんでいてはいけない。

一九三七年七月二十九日：「通州《つうしゅう》事件」が勃発する。河北省にある通州は、当時日本の傀儡《かいらい》政権の所在地であった。本事件は、現北京市通州区において中国国民党や中国共産党の示唆を受けたとされる親日政権（冀《き》東《とう》防共自治政府）が寝返って、日本軍の通州守備隊と日本人居住民を襲撃し、三百人以上の日本人を虐殺、強姦、暴行、略奪した事件として記録されている。本事件の三週間前には盧溝橋事件が発生している。「冀東防共自治政府」とは、日中間の衝突を避けるために北京の一部に非武装地帯が設けられ双方の軍隊の立ち入りが禁止された地帯で、治安維持は日本側ではなく中国側の守備隊が担っていた。この守備隊員には日本軍に追われて満洲から逃れてきた漢人や馬賊《ばぞく》（武装盗賊集団員）・朝鮮人なども採用されていた。本事件に関しアメリカ人記者フレデリック・ヴィンセント・ウィリアムズはその著書『中国の戦争宣伝の内幕　日中戦争の真実』（田中秀雄訳　芙蓉書房・二〇〇九年）の中で「古代から現代までを通して最悪の集団虐殺として歴史に残るだろう」と記している。

また一九三一～三三年にかけて上海・福州副領事を務めたアメリカ人ラルフ・タウンゼントは、その著書『暗黒大陸中国の真実』（田中秀雄・先田賢紀智訳　芙蓉書房・二〇〇二年）において「腐りきった役人と軍隊、口先だけの道徳、金が全ての現実主義者、アジアの問題児は中国」と記している。このことはワシントン会議後に東郷元帥が東洋の禍根として中国を憂えた慧眼と一致する。彼等はいずれも当時のアメリカの親中政策に反して「中国の実状」を記したとして受け取られ、本国において冷遇されている。何故ならアメリカは第一次世界大戦後のジュネーブ条約の協定から、いかなる状況下においても紛争当事国間には援助をしないという中立法に従って、中国やヨーロッパ正面への援助ができなかったからである。アメリカのウィルソン大統領としては、日本に対する脅威よりも苦戦を強いられているヨーロッパ連合国に何とか軍需物資の支援をと考えていた。そのためにはアメリカの世論をその方向に向けさせて中立法を変えさせるような情勢を作り出す以外に方法はなかった。そこで国内に反独や反日ムードを盛り上げることにして、その役を日本に期待したようである。妥結見込みのない日米和平交渉をだらだらと続けさせていたら、そのうち効果が現れるだろうとしているうちに、一九四一年十二月八日、遂にその時が訪れたのである（真珠湾攻撃）。

因みに「通州事件」については信夫清三郎が『聖断の歴史学』（勁草書房・一九九二年）において前記内容とほとんど反対の記述をしている。参考にして頂きたい。なお同氏はマルクス主義的な立場から日本近代史の研究を行った方であり、名古屋大学等の教授を歴任し、毎日出版文化賞などを頂いている。

不穏な当時の中国国内情勢に鑑みて「冀東防共自治政府」の様な曖昧で不安全な自治区が、当時の物騒な北京地区に設置されていたこと自体が問われるべきであろう。すなわち最も物騒な区域に力の空白地帯を作ったのである。大陸と異なって村社会や四周に外敵のいない島国の住民にありがちな性格（寛容性や同族意識など）、さらには明治維新の成功体験からくる高揚感などが働いたことによって、当時の混乱した中国社会及び中国人に対する現実的な理解の欠如が招いた事件ともいえ、日本側にも大きな責任があったことは勿論である。

一九三七年十二月十三日：南京の巨大な城壁を破って日本軍が入城した。当時蔣介石は、南京防衛軍に対して撤退命令を下していた。しかし、撤退戦の混乱の中、命令は徹底せず、撤退する部隊と抗戦する部隊間に同士討ちや独自行動する部隊もあらわれた。こうした状況下において、司令官の唐生智《とうせいち》が行方をくらましたために、降伏命令や停戦調印を交わす指揮権者が不在となった。城内の中国兵は勝手に軍服を脱いで市民に紛れ込んだ。軍人が勝手に軍服を脱いで市民に紛れると戦時国際法上の捕虜となる資格を失う。またゲリラ化するので極めて危険で厄介なことになる。中国兵がこのことを知っていたかどうかは不明である。唐生智は後に蔣介石にたいして共産党との和議を勧めていることから生存していたことになる。こうした一連の混乱のなか、市民に紛れ込んだ中国兵の摘発作戦や処刑が行われた。一カ月後に、この処刑が「南京虐殺」として英字新聞や英文雑誌などで報道され始めた。その記事の原典がハロルド・J・ティンパーリによる『戦争とは何か』やマイナ・ベイツの「声明」とされている。

東中野修道氏は、ティンパーリ編『戦争とは何か』は、中国国民党中央宣伝部国際宣伝処が制作した対敵宣伝書籍であることを発見している。また、金陵大学教授で中華民国政府顧問であったマイナ・ベイツ教授が、欧米のジャーナリストたちに、自らが準備した声明「殺人、略奪、婦女暴行、死体、中国兵の摘発、連行、射殺」を渡して報道するよう仕向けている。その中の、「中国兵の摘発、連行、射殺」は当時の状況からして真実であろうが、他は実態と大きく異なっているとみなされている。因みに彼の妻と二人の息子は、危険極まりないはずの日本において避難生活を送っているのである。ただし時の日本軍の作戦が物量不足から適地に糧を求める状況にあったことは確かである。

今次大戦の敗戦必至の状況下において、東京を始め、各都市における一般市民への空爆による何十万にあまる犠牲者、あまつさえ広島、長崎への原爆投下の暴挙を思う時、米・中による「南京虐殺」の喧伝の下にいつまでも貶められる日本国の姿があまりにも可哀想でならない。原水爆開発競争下において、ドイツのスパイとみなされて参加を拒否されたアインシュタインは、ロス・アラモスに招かれなかったが開発者のオッペンハイマーやテラーいずれの科学者も、己の欲望には勝てなかったのである。権力者に強制された、国民に煽動されたとの言い訳も立つであろう。しかし彼ら科学者の中の未知の世界へ入り込む好奇の誘い（欲望）こそが第一の原因であったことは否定できない。

一九三八年一月十六日：近衛文麿首相が「爾後《じご》、国民政府（蔣介石）を相手にせず」と発表する。この日本側の政策転換が中国側はもとより、日本側にも大きな影響を及ぼしたことは確かである。その原因の多くが日本側にあったことは歴然としている。日本外交の拙さを語るものであり、外交に関わる情報収集能力の低さと、島国日本の外交の限界と百戦錬磨のユーラシア大陸国家との外交戦略の格差はいかんともし難い。この格差を放置して省みないうちは、将来にわたっても常に同様の結果を招くことになろう。

一九四〇年：南京に日本の傀儡《かいらい》政権が樹立され汪兆銘が主席に就任する。汪兆銘は孫文の「連ソ容共」（ソ連共産党と連携し中国共産党を受け入れる）を掲げた孫文の直系であった。彼は孫文に従って革命運動に参加し国民政府の主席をも務めている。

孫文の思いを忠実に守り、蔣介石とは反対の軍事力を後ろ盾としない民衆による革命を推進した。知日派ではあったが決して親日派であったとはいえない。日本人はこれを混同して外交においてしばしば失策を犯してきた。「知日派」とは、日本の恥部までを理解した「恥日派」や組織のことである。彼は対日和議を唱えて交戦派と対立した。中国の民衆からは「漢奸《かんかん》」（裏切り者）として嫌われている。日本の法政大学に留学経験もしている。一九四四年、名古屋において病死している。

一九四五年八月：日本の敗戦後、中国は国内統一の目標を失って国民党と共産党間で「接収」（日本や列強が所有していた利権の取り合い）問題などに絡む国共内戦が再開した。これは米軍の調停によって結ばれた「双十協定」（国共両党の和解と中国の平和統一）に反した行動であったために、アメリカは国民党政府の援助を停止する。

日本の敗戦後、アメリカは海兵隊員五万人程を中国に派遣して国民党政府軍の支援と中国の共産化防止に向けた戦略拠点作りに先手を打っていた。にも拘らず国民党側の勇み足（利権の独り占め）で、内戦が再開されたことに不快感を抱いたのである。その結果ソ連とモンゴル人民共和国の支援を受けた共産党軍が優勢に転じることとなった。アメリカにしても日本同様に途中から蔣介石を相手にせずとして中国の共産化を招く結果となっている。対中国政策の難しさを思い知ったことであろう。

しかしその後のニクソン大統領の米中共同声明に始まって、天安門事件後のカーター政権下の米中国交正常化、特にレーガン政権時には対中輸出管理が見直され、ＵＨ60ブラックホーク対戦車ヘリコプター、Ｃ１３０輸送機、ジャガー戦車、グラマンＦＣ１やロッキードＹ８Ｃ戦闘機などの供与と共同開発をも支援している。アメリカ側にすれば、極東における日本と中共との軍事パリティー（均衡）を図るためであったようだ。キッシンジャーなどは、周恩来に対して日本に対する瓶の蓋（ボトルネック）戦略と説明している。日本も見捨てたものではないと喜ぶような訳にはいかない。これが「島国アメリカ」の甘いところである。パートナーとしては、今後とも十分に留意する必要がある。

さらにクリントン政権下の対中国最恵国待遇延長決定やオバマ大統領の弱腰外交（親中政策とも）による中国の南シナ海占有を許したことで、今日の習近平治世の中国誕生を招く要因になったことは否定できない。中国は今日でも近隣諸国に対して冊封や朝貢並みの外交を展開している。ＡＳＥＡＮ（東南アジア諸国連合）や南太平洋諸島（旧南洋諸島）は、その呪縛から逃れるには、集団安全保障体制を構築する以外に良い方法はないであろう。ユーラシア大陸国家の外交戦略は、常に島嶼国家の外交を凌駕する。しかし大英帝国を築いたイギリスのみは例外であった。なぜなら同時代イギリスは、ユーラシア大陸に多くの植民地と敵対する多くのライバル国家を抱えていたからである。

一九四九年一月：国共内戦勃発の責任をとって蔣介石は総統を辞任する。同年三月共産党軍による「渡江戦役」において首都南京が占領されて十月、中華人民共和国が成立し、蔣介石は台湾に逃避して大陸と冷戦状態となって今日に至っている。

中国の略史

中国文明の歴史は世界四大文明の一つとして長江（揚子江）や黄河文明など紀元前一万年を超える頃にまでさかのぼるとされている。先史時代の文明はいずれも長江・黄河・遼河文明として大河を中心に興っている。伝説上をも含めて、紀元前一〇〇〇年頃には夏、殷、周といった王朝が成立していたようである。

前二二一〜二〇七年：始皇帝が六国（斉・楚・燕・韓・魏・趙）を滅ぼし、史上初めて中華（かつて漢民族が自国を尊称した自称）を統一した。王朝時代の王を超える存在としての称号「皇帝」を名乗った。中央から派遣された役人が各地方を治める「郡県制」を施行した。対「匈奴《きょうど》」（当時中華を脅かした遊牧騎馬民族）対策として万里の長城が築かれた。しかし「宦官《かんがん》」（去勢された男子で王朝や皇帝に仕えた）の重用によって世が乱れ、農民の反乱が起る。農民軍によって最強の砦であった「函谷関《かんこくかん》」が打ち破られて前二〇六年、秦は滅亡する。因みに「函谷関」は、わが国において童謡「箱根八里」の歌詞「函谷関もものならず」として採用されている。

前二〇二年：劉邦《りゅうほう》（高祖）が宿敵項羽《こうう》を破って国号を漢とし、長安（現在の西安）に都を定めた。一族や功臣を諸侯に任じ、封建制と郡県制を併用した「郡国制」を敷いた。国内の財政難を打開するために、塩・鉄・酒を専売制とする。しかし塩や酒を専売制にすることは、国家財政の立て直しの安易な手段ではあるが庶民の反発を招きやすい。消費税についても同様である。

七代皇帝の武帝は、北方の匈奴を衛青《えいせい》、霍去病《かくきょへい》両将軍を派遣して北方に追いやり、南越（ベトナム北部）を征服する。衛氏《えいし》朝鮮を破って楽浪郡（郡の中の一つ）を設置する。軍事力強化のために、汗血馬と呼ばれる暑さに強く持久力のある馬を手に入れるために、遠くカザフスタン周辺のフェルナガ（オアシス国家）にまで遠征している。当時の馬の存在は、今日の戦車や戦闘機にも匹敵する程の価値があった。

東西貿易が発展し、インドから仏教が伝来する。インド仏教は人知の限界や形而上学的教えで漠然としていて、中国古来の儒教思想とかみ合わず治安の乱れを招くことになった。権威主義や共産主義と自由民主主義間のせめぎ合いと同様に世界を大きく揺さぶるような運動にまで発展する。

前二五年：光武帝が洛陽に後漢を建国する。儒教の官学化（国定宗教化）によってインド仏教の悪影響を払って思想統一を図る。徳をもって国を治め、武威をもって外国に対峙するために冊封体制《さくほう》（官位を授けて統治させる：鎌倉時代の守護地頭制度類似）を施行する。「漢倭奴国王《かんのわのなのこくおう》」（卑弥呼）などの印を朝貢国や冊封国に与えて外交関係を築く。儒教思想を行き渡らせるために四書五経（儒教の中で特に重要とされる教え）が作成される。

やがて政治や社会の不安が生じてきて儒教思想が衰退して、末法的な考え方の無為自然（なるがままに任せる）を説く老荘思想などが広まってくる。それにより乱世となって、魏・呉・蜀の三国に分裂（米中露の三国に世界が分裂したようなもの）して、天下を三分した抗争に発展する（『三国志』参考）。

五八一年：文帝が禅譲《ぜんじょう》（世襲によらず相応しい者として政権を譲られる）によって長安に隋を建国する。隋の時代、六〇七年、倭国の推古八年、初めての遣隋使が派遣される。同十五年には聖徳太子によって小野妹子他で編制された二回目の派遣がなされた。当時隋は西に突厥《とっけつ》（トルコ・モンゴル系）やチベット附国、東に朝鮮半島の高句麗、新羅、百済、南にチャンパー（チャム族＝ベトナム系）からの脅威を受けていた。

二代煬帝《ようだい》は、突厥を離間策（仲たがいさせる）によって分裂させ、西突厥は公主降嫁《こうしゅこうか》（徳川時代に仁徳天皇の皇女和宮を公武合体策として将軍家茂に嫁がせたような策）で対処し、東突厥は侵攻して朝貢関係を結んだ。朝鮮半島の高句麗については、国防意識が高く侵攻したけれども失敗する。聖徳太子が隋の煬帝に送ったとされる書に記された「日出づる処の天子、書を日没する処の天子に致す、恙無《つつがな》きや」の内容は、煬帝にとって無礼であったろう。しかしこの時期、高句麗遠征をまぢかに控えていたので、高句麗の東方に位置する倭国を戦略上無視できなかったものと考えられる。

隋は国内政策として「均田制」、「租庸調」、「科挙制度」を採用して皇帝制度の強化を図っている。隋の時代も儒教思想の衰えによる国内の乱れや対外討伐に追われて短期で終わる。

六一八年：高祖（李淵）が長安に唐を建国する。唐時代は、北に東西の突厥とウイグル（トルコ系）、西に吐蕃《とはん》（チベット系）、南に南詔（チベット・ミャンマー系）とチャンパー（ベトナム系）に囲まれていた。東突厥は服属させ、西突厥は討伐して朝貢関係を維持する。吐蕃とは公主降嫁をして同盟関係を結ぶ。チベット・ミャンマーは冊封関係とし、ベトナムと日本は儀礼的な朝貢関係としている。

国政においては、律令制や府兵制（兵農一致の徴兵制）を実施する。三代皇帝高宗は、法律制度を確立して国を鎮めるが、若くして病床に伏したために皇后の則天武后《そくてんぶこう》に政務を譲ることとなった。しかしその政策は「武韋《ぶい》の禍」と呼ばれ、かんばしくなかったようである。親族縁者や寵臣（ひいきの部下）による専制政治が評価されなかったようだ。男尊女卑の傾向のある中国社会では、女性の指導者は嫌われたようだ。ここで少し脱線するが、欧米の女性指導者の治世をみてみよう。

ロシア＝エカテリーナ二世は、オスマン帝国（モンゴル）との二度にわたる露土戦争に勝利して、ウクライナの大部分とクリミア汗国を併合して領土拡張に成功している。また三度に及ぶポーランド分割戦争を主導して、ポーランドとリトアニアを消滅させている。ラックスマンに国書を託して日本との国交樹立を要請してもいる。「王座上の娼婦」と言われるほどに、多数の男性遍歴をしたにも拘わらず、ロシアでは高く評価されている。勿論プーチンもそうであろう。

イギリス＝サッチャー元首相は、サッチャリズムと呼ばれる程の経済改革を成し遂げてイギリス経済を発展に導いている。ヒース内閣においては、教育科学相として教育関連予算削減のために、学校での牛乳の無償配給廃止を断行してミルク泥棒と非難されてもいる。決して人気取りやばら撒き政策を良しとしていない。ソ連の国防機関紙からは鉄の女と非難されるほどの愛国者でもあった。また大英帝国時代に関する歴史教科書の記述が、自虐的であるとして訂正させてもいる。一九八二年に起こった「フォークランド紛争」（アルゼンチン軍によるイギリス領フォークランド諸島への侵攻）に際して、「人命に代えてでもイギリスの領土を守らねばならない。国際法が暴挙に対して打ち勝たねばならないからである」として反対をおしきって戦艦や戦闘機を派遣してこれを撃退している。

ドイツ史上初めて女性首相になったメルケルは、ユーロ危機やロシアのウクライナ領クリミア半島への侵攻などに対して手腕を発揮した。KGB出身のプーチンとは、対立していてクリミア侵攻に際しては厳しく糾弾している。ロシア占領下の東ドイツで育ったせいか、親ロシア派としてロシアのG7加入を提案して成功させてもいる。ロシアのエカテリーナ二世を尊敬していて、オフィスに彼女の写真をかざるほどであった。帝政時代からのドイツの親中政策を引き継いでいた。

さて唐の六代皇帝玄宗は、楊貴妃で名が売れているけれども、前任の則天武后が招いた治世の混乱を収拾したことになっている。従来の均田制が崩壊し、徴兵制が機能しなくなったために、幕兵制（傭兵制）を採用することになる。また節度使（辺境に置かれた軍団の司令官）制度を制定して周辺の匈奴への防備を固める。

節度使制度は、今日のアメリカ欧州軍司令官、太平洋軍司令官、在日アメリカ軍司令官、在韓アメリカ軍司令官に匹敵する制度であろう。討伐された突厥帝国の再興を図った安禄山による「安史の乱」が勃発する。これに対して公主降嫁によって同盟関係にあったウイグルの援軍を得て鎮圧に成功する。同盟関係は公主降嫁によることが最も信頼できそうである。「血は水よりも濃い」は、依然として真実でありそうだ。二国間や多国間及び集団安全保障などにおける同盟や条約・機構なども、各国の首長や元首・王様間でそれぞれ公主降嫁を交わすことで平和が保てそうである。

長期的な平和維持を目指して、国政では夏と秋に二回税を徴収する両税法が施行される。また辺境の地に屯田、内地に民屯が置かれ、屯田兵として十五歳から召集して四十歳まで働かせる制度と取り入れる。兵役義務は、農民の三人に一人の割合で招集し、勤務中「租庸調」は免除されるが武器や衣食は個人もちであった。農民にとっては、かなり厳しいといえよう。

唐時代になって、東アジア全域にわたる冊封体制（華夷秩序：パックスシニカ）が確立する。唐朝と周辺国の支配関係は、羈縻《きび》、冊封、朝貢、使節の交換＝公主降嫁の四種類に大別される。羈縻は有力諸侯を手なずけて自治を許し、衛府をおいて緩く統治する方法である。ロシア対ベラルーシ関係に類似する。冊封は君臣関係を築いて唐朝の後ろ盾によって政権を維持させる。かつてのロシアを中心とした独立共同体（CIS）に類似する。朝貢は緩やかな君臣関係を維持する。

この様に朝貢外交は多様な二国間関係であって、対象国との力関係や文明度に応じて「徳や礼節」を内包させ、柔軟できめ細かく配慮されていた。この外交制度は欧米の各国一律な最恵国待遇制度とは相容れないが、当時の周辺諸国との間では円滑に機能していた。欧米列強が当時、東洋諸国と結んだ強制的な不平等条約よりも優れていたことは確かである。しかし今日中国が周辺諸国に対して行っている冊封や朝貢的な外交はかつての朝貢外交の根幹を成す「徳や礼節」を欠いていることは残念である。

『五経正義』（五経の解釈書）を編纂して、科挙受験者に対する儒教教育の浸透を図っている。いわば受験の種本を作成し、極めて難関であった科挙試験の受験対象者を広く求めることにしている。科挙制度そのものは、日本に受入れなかったが、似たような学歴社会となって塾（あんちょこ）が林立し、教育の根本を揺るがすことになっている。

唐時代は「貞観《じょうがん》の治」と言われるほどに平和が続き、帝国が繁栄し三百年近くも続いた。それでも末期には、農民からの収奪強化策や飢饉の発生、専売する塩の高騰などから、農民の大規模な武装蜂起「黄巣の乱」が勃発し、唐もついに滅亡に向かう。いつの世も最後には弱い農民たちがあたかも勝利者として残るようである。世は帝王や一部の権力者によって成り立っているのではなく、名もない大衆によって支えられているからであろう。安倍仲麻呂が科挙試験に合格して、唐宮廷の高級官僚となって李白や王維らと親交を深めている。

九六〇年：太祖（趙匡胤）が開封（現在の河北省東部）に北宋を建国する。地方の軍閥政権を平定統合して、地方ごとに配置されていた軍団を削減し、武中心の武断政治から文治優先政策に舵を切った。軍団削減は文治主義の立場からだけでなく、各地方の軍団の指揮官たちが上納金をくすねていたからでもある。アメリカが不安定な地域への前方展開戦略を見直して、本土復帰戦略に転換した構想に類似する。また前王朝、唐の滅亡の理由が他国（匈奴）からの侵略ではなく、自国民の蜂起によるものであったことから、文治優先政策を採ったものと考えられる。

特異なこととしては、科挙試験の最終過程に皇帝による面接制度を導入している。これは科挙試験の中立性を覆すような制度であるが、文治優先政策の弱点を補う手段として考案されたと考えられる。日本においても検討されるべきか。菅元首相が日本学術会議会員の選定に対して介入した行為はこれに類似する。また今次ウクライナ侵攻に際してプーチンが各上級官僚に直接意見を求めたのも同様の意味合いがあろう。もっともロシアの場合は反対者を葬るための手段として使われたことであろうが。

北宋時代は、北に女真（ツングース＝満洲系）と遼（トルコ系）に囲まれ、西に西夏（タングート族＝チベット系）と吐蕃（トルコ系）、南に大理（タイ系）と大越（ベトナム系）、東に高麗とにそれぞれ囲まれていた。三代真宗は北部の契丹との戦いで「澶淵《せんえん》の盟」を結び、朝貢関係を維持して和議する見返りに、銀十万両、絹布二十万匹を毎年契丹に贈与させられることになった。ただし以後百年近くも平和が維持された。

また、西夏との戦いでも「慶暦《けいれき》の和約」を結んで毎年銀五万両、絹布十三万匹、茶二万斤を贈与させられる。

四代天子、仁宗に至っては、文治政策の行き過ぎによる軍事力の低下によって、周辺諸国から見くびられ、契丹と最初に交わした毎年の歳幣《さいへい》（和平料）を十万両から二十万両に増額させられ、西夏にたいしても五万両から二十万両で再講和して朝貢関係を維持している。

こうした弱腰外交を続けるうち、一一二七年、金国（女真族＝満洲系）が華北を奪い取って（靖康《せいこう》の変）、北宋を滅ぼした。しかし、金国は広大な中国大陸への急激な侵攻展開はロジスティックス（兵站・補給）の観点から危険と判断して深入りせず、華北に傀儡国家を樹立してバッファーゾーンとし、それ以上の南進を思いとどまっている。この判断は今次大東亜戦争時の日本陸軍の戦略に勝る。陸軍も満洲区域に限定した戦略をとっていたなら、その後の満洲の「王道楽土」化も夢ではなかったかも知れない。

北宋を追われ、南方に逃れて南宋を建国した高宗は、金国との講和「紹興の和議」において、毎年銀二十五万両、絹布二十五万匹を貢ぐよう約束させられる。これは日本が在日アメリカ軍駐留経費や基地内光熱費や従業員給料を負担し、尚且つ契約更新のつど増額を求められるようなものである。文治優先政策を採る国家としては仕方のないことか。

外交は一度譲るとますます譲らされるものである。幕末に強制的に飲まされた不平等条約も同様である。ロシアによるウクライナ侵攻も、ウクライナ領土内の核兵器をロシアに譲り渡したことが主要因となっている。

このように宋にとってはいずれの講和や和約も屈辱的なものであったが、名（体裁）を取って実を捨ててまでも平和共存を続けたのである。大国としてのかつての誇りが成せるものか。それとも真に恒久の平和を願ったのか。或いは単に臆病による眠れる獅子であったのか。

現在の日米関係における日本は、実をとって名を捨てている。それは今なお国民にかつての独立不羈（自立心）の精神が兆さず、また国力に見合った軍事力やその運用に関わる法整備や国家方針が定まっていないからである。

金国の下風にまで立たされたことで、周辺国（匈奴）への宋王朝の威光が効かなくなって華夷秩序（当時の世界秩序）が崩壊する。ロシアのウクライナ侵攻に際して、中国の大阪総領事がツイッターに投稿した「弱い者は絶対に強い者に刃向うな」は自明の理であって、日本に向けての警鐘として有難く受け留めるべきであろう。同時に不用意なこの言は、中国の外交方針の核心であるとして肝に銘じなければならない。

北宋・南宋時代における文治優先政策も、屈辱的ではあったが、およそ三百年間にわたって平和が保たれたのは、広大な大陸を支配した大帝国の幻影の為せるものであろう。

一方、屈辱的ではあったが、文治政治によって文化文明が発展した。江戸時代の元禄文化もそうである。唐時代まではアラビアやイスラムの船に依存していた遠洋航海を、東アジアや東南アジアまで自国船で往来できるようになった。大陸に住む中国人は、元来海を恐れ、漁民を卑しい者として蔑んだ。そのために海軍の発展は相当おくれた。ドイツやロシアから近代海軍の装備や戦術などに関するノウハウを教わっている。かつてロシアは、イギリスやドイツからそれらを学び、同じ大陸国家であった中国に伝えた。ドイツはイギリスと違って近代化の遅れた東方国家に頼まれなくても教えることが好きであった。この傾向は今日でもみられる。

王安石《おうあんせき》は、年間の国家の必要物資の種類と量を設定して、生産できないものは要求せず、産するもので代納させるとともに商人の中間搾取を廃し、合理化を図っている（均輸法）。また、種籾などを低利で貸し付けて収穫時に返済させ、地主の圧迫から農民を救済した（青苗法）。さらには、農閑期に民兵を訓練し、戦時に徴集する「保甲法」や、農民に馬を預けて平時は耕作に使用させ、戦時には軍馬として徴用する「保馬法」制度などが考案されている。この制度はパイロットや船員を国家予算で育成し、平時は官公庁や民間などにおいて勤務させ、有事には軍用機や軍艦・商船船員として運用する方策ともいえようか。

一一二七年：後金（満洲に興ったツングース系女真族）が北宋を滅ぼした後、モンゴル帝国の二代皇帝太宗（オゴタイハン）がその後金を征服する。欧州では一二四〇年、チンギス・ハンの後裔バトゥが、東スラブ人（ロシア、ウクライナ、ベラルーシなど）で構成された公国（キエフ大公国）を滅ぼして、およそ二五〇年にわたって同地域を支配する（タタールの軛《くびき》）ことになる。

一二一六（建保四）年：源実朝が宋の石工で、焼失した東大寺大仏殿の再興に当たっていた陳和卿《ちんなけい》に大型ジャンク船建造をさせたが失敗している（『吾妻鑑』による）。彼は渡宋を計画したともいわれている。

一二七一年：モンゴル帝国第五代皇帝フビライ・ハンが大都（北京）に遷都し、国号を元と定め南宋が滅亡する。

一二八八年：元帝国は、ベトナムに侵攻するが陳朝の軍に敗北し失敗に終わる（白藤江の戦い）。元は歴代の中華王朝が実施してきた科挙制度を廃止するとともに朝貢外交も廃止して従来の中華王朝色を一掃する。重要官職は全てモンゴル人が独占し、漢人を排除して色目人（トルコやイラン系人）を重用しモンゴル人に次ぐ特権を与えている。

この中国人に対する厳しい人種差別政策は、モンゴル人が農耕民と交わることで、農耕民の土着性や尚武《しょうぶ》（武を尊ぶ）の精神や気風が失われることを心配したためと考えられる。今日における移民・難民受け入れの参考ともなろう。単にヒトラーのような非ドイツ人の差別・抑圧とはことなる。

同時代、ベネチア商人のマルコポーロが、フビライ・ハンに会ったとされている。

一三六八年：太祖（光武帝＝朱元璋）が南京に明を建国する。明国は、北にタタール（実は前政権であった元の子孫なのだが漢人が蔑んでこう呼んだ）と女真（ツングース系）、西にオイラト（瓦剌《わら》＝モンゴル系）、南に大越国（ベトナム系）と南海諸国（インド、アラビア、アフリカなど）、東方に朝鮮と日本に囲まれていた。明と後金（女真＝満洲系）の戦い「寧遠の戦い」において明は「堅壁清野《けんぺきせいや》」と呼ばれる戦術を採用した。本戦術は前記参考。

太祖光武帝は失った華夷秩序を復活させるために、儒教を発展させた朱子学を官学として富国強兵政策を打ち出す。まず理甲《りこう》制（魚鱗図冊《ぎょりんずさつ》・賦役黄冊《ふえきこうさつ》）による検地や戸籍・租税台帳によって税の徴収を徹底する。軍事面では、衛所制や軍区を設置して徴兵制の確立を図った。次いで国家の威風を高めるために海禁政策（朝貢による以外の対外交易を禁止）を採る。ところがいきなり海禁政策を開始したために、従来実施されていた官貿易や民間貿易ができなくなって財政が落ち込んでしまった。

そこで三代永楽帝は、イスラム教徒で宦官として仕えていた鄭和に一大遠征航海を命じた。鄭和は大艦隊を編成して七回にわたって東南アジアからインド洋経由アフリカのホルムズやメッカ辺りにまで航海した。これは習近平が意識したかどうかは別にして今日中国が掲げている海路の一帯一路構想に匹敵する。艦隊を率いる旗艦は全長百二十メートルもあって九本マストを備え、艦隊総勢二万八千人の六十二隻で編制されていた。まさに「シヨーザフラッグ」（国力を誇示する）の草分けともいえる。遠征航海の結果、十数カ国が朝貢するようになり、大成功をおさめている。

一四四九年：明も軍事費の増大による重税や政府の腐敗、さらに倭寇の出現による貿易収入の落ち込みなどによって衰退し、ついに満州族の女真（後金）によって滅ぼされることになる。

・琉球と明の朝貢関係

一三七二（洪武《こうぶ》五）年：『明実録《みんじつろく》』（歴代の明朝廷によって編纂された歴史書）によれば、琉球が明に入貢してその臣下となっている。

琉球王国は、明王朝の華夷秩序下に属することによって、逆にこの制度を利用することで、独立国家として独自の経済発展をとげることになる。すなわち島国としての弱点をメリットに転換させたといえる。琉球は、中国（清）と日本の中間に位置したことを、海上交通路（ＳＬＯＣ）の中心（拠点：ハブ）として捉え、放射状に広がる大陸を後背地（ヒンターランド）とみなして経済発展に繋げたのである。徳川幕府にはなかった発想の転換であった。四周を海に囲まれていると、没交渉によって極めて文明の遅れた状態に置かれる場合と、反対に流入によっておおいに発展する可能性の二面を併せ持っている。日本が正にその環境下にある。海は経済システムや住環境の回路（伝導体）である。

明王朝の華夷秩序下に組みこまれた琉球は、その支援を利用して、タイからマラッカ海峡周辺諸国と日本とを結ぶ経済活動の広域ネットワークを形成したのである。驚くべきことに琉球は、朝鮮半島の高麗とも独自に朝貢貿易を行っていた。『朝鮮王朝実録』（李朝実録）に多数の関連記事が載っている。明が朝貢貿易の相手に琉球に目を付けたのは、本命であった日本が明の望む形での華夷秩序（冊封又は朝貢）下での交易を認めなかったことが第一の理由であった。第二は周辺海域を荒らしまわっていた倭寇による被害を防ぐ狙いがあった。ほどなく同胞であった奄美大島が文治政策を採っていた琉球によって侵攻され、琉球の支配下に組みこまれることになったのは、明の指示による倭寇狩りであった可能性が高い。奄美に倭寇の基地か、支援施設が設置されていたことであろう。

明朝は当時、周辺国とは原則として三年毎の朝貢貿易を契約していたが、琉球のみは「朝貢不時」として何時でも可能であるとして優遇している（皇明祖訓：洪武帝によって編纂された訓戒集）。明から琉球に下賜された船舶は三十隻にも達し、船舶の修理や運行支援も実施された。交易ルートも泉州、福州、寧波、瑞安などいずれも可能とされている。

この破格の処遇は、当時の他の朝貢国にとっては極めて不満だったであろう。今日の国際通商条約（最恵国待遇）からは考えられないことである。

もしも今日、二国間だけでこの様な特別優遇を許したら、他の諸国が黙ってはいないであろう。しかし相手国の事情や都合によって、処遇をかえるのが朝貢システムの特徴であり、メリットでもあったのである。すなわち朝貢制度は、相手に応じて目こぼしや、えこひいきが可能であった。現在の中国がＷＴＯ（世界貿易機関）や国際裁判条約の規約や判定などを守らないのもうなずける。また交易国に対して、かつての朝貢制度類似の手法を用いて、不平等な通商契約を結んでいることも同様である。中国はもともとそのような国家・国民性であるとして付き合うことが肝要であろう。

一六一六年：太祖（ヌルハチ：満洲人）が、瀋陽に後金国を建国する。

一六三六年：二代皇帝太宗（ホンタイジ：愛新覚羅《あいしんかくら》）が国号を清に改める。満洲族による国家清は、北に直轄領として黒竜江以北及び満州を確保し、内・外モンゴルを藩部（所属領）に指定して満洲人の長官による統治を実施する。また西方には藩部として今日人権侵害問題となっている新疆ウイグル地区、チベット、東トルキスタンを確保する。南方には、属国としてベトナム、ビルマ、タイ、さらに直轄領として台湾を確保し、東に朝鮮を服属させて一大帝国を築いた。

特筆すべきは、満洲の地は、漢人の中国ではない満洲人による国家「清」が、帝政ロシアと交わしたネルチンスク条約によって獲得された新たな領土であるということだ。後に蔣介石が、漢人の国家でない「清」が外国（当時の列強）と結んだ条約は全て無効であるとして、ベルサイユ条約において認められた日本の満洲における権益を認めなかった。もしそうであるならば、清が新たに獲得した領土「満洲」は中華民国の領土ではなかったという理論になる。

清は前王朝の元の失政に学んで、満漢併用制（満洲人と漢人を等しく登用する）を採択して、漢人を統制する政策に切り替える。中華王朝が引き継いできた儒教を奉じて科挙制度も採り入れ、朝貢制度の確立をも図る。

軍事政策としては、八旗《はっき》（満洲人主体の軍隊）を主要な地域に配置し、緑営《りょくえい》（漢人の軍隊）は地方に配置した。また満洲風俗（弁髪《べんぱつ》：頭髪を一部だけ残して剃り落し、残りを編んで後ろに垂らした髪型）を強制するとともに、キリスト教を弾圧した。

以降、清朝最後の皇帝「愛新覚羅《あいしんかくら》溥儀《ふぎ》」の退位以降は前記日中関係略史参考。

日朝・韓関係略史

弥生時代の後半（紀元三世紀頃）から朝鮮半島との交流が活発になってきている。前漢の武帝が衛氏朝鮮を滅ぼして楽浪郡を建設した後、朝鮮は漢の属国になってその治世下に組みこまれる。後漢の光武帝（紀元前三二年）に、「高句麗王」に授爵（爵を授けられる）される。

日本が古墳時代にあった頃、半島には、北に高句麗、東に新羅、西に百済の三国が存立していたが、最南部に連合体として伽耶《かや》（加羅《から》とも）地域が存在した。高句麗は満洲辺りにまで領土を広げる程に大きな国家を形成していた。仲哀《ちゅうあい》天皇の皇后であった神功《じんくう》皇后の三韓（馬韓、辰韓、弁韓）征服をきっかけとした日本の朝鮮進出は、高句麗に対抗して中国大陸の南朝と国交を開くことになっている。南朝の歴史書によると西暦四二一～四七九年の間、日本朝廷は前後七回にわたって宋・斉両朝に国使を派遣して倭、百済、新羅、秦韓、慕韓五国の軍事を総督する安東大将軍の職を兼任する倭国王の称号を得ている。百済は高句麗と対立を深め、新羅は高句麗に従属することになっていく。百済は高句麗に対抗するために、後に「腆支王《てんしおう》」となる王子を人質として倭国（日本）に送ってきて好《よしみ》を結んだ。

六世紀頃には新羅が強大となって、以前と反対に高句麗は百済や倭国と友好関係を結ぶようになった。朝鮮半島の三国はいずれも仏教や儒教など大陸文化を伝えることで倭国と友好を深めようとした。

六六三年：唐と新羅の同盟が成立して、半島は統一の方向に向かっていく。新羅の攻撃を受けた百済再興を名分として倭国は半島に出兵し、唐と新羅の連合軍と白村江において戦い敗北する（白村江の海戦）。高句麗は百済の滅亡で孤立し、唐に投降した後に滅亡する。

六七〇～六七六年：唐と新羅の戦争が起る。この戦いは唐が新羅を冊封（属国化）しようとしたことから起っている。新羅が唐を撃退して半島を統一した。倭国は新羅との間で互いに遣使を交換することになる。これまでの一連の戦いにおける、多くの難民や亡命者及び仏教徒などが倭国に渡ってきている。

白村江の戦の後、天智天皇は対馬や壱岐・北九州に防人を配置し、連絡用の狼煙《のろし》を用意させている。爾後大和王権は国防を整えるとともにそれまで外交・貿易のための施設鴻臚《こうろ》館《かん》を内陸の大宰府に移した。

高句麗滅亡後に興った高麗《こうらい》も滅亡し、同地域に渤海《ぼっかい》が建国される。渤海は唐や新羅と対立していたので、日本は敵の敵は味方として、渤海と同盟関係を結んで遣使を交換する。大宝律令制定後、ヤマト政権は「倭国」から「日本」へと呼称を変えた。奈良時代以降、華夷秩序思想が対外政策にも反映されて、朝鮮半島に朝貢を要求するようになった。そのために新羅とは対立し、渤海とは折衝の末に一応対等関係とした交易を実施している。

新羅朝の終期に台頭した高麗（高句麗と混同し易いが別国である）が一時半島を統一したが、北方の異民族「契丹（モンゴル系）」や金国の侵入によって内紛が起り、日本沿岸に波及して「長徳の入寇」（新羅族の襲撃）や「刀伊《とい》の入寇《にゅうこう》」（女真族の襲撃）などが起った。

本事件は、一〇一九年に発生し、契丹を滅ぼしたツングース系女真族による、対馬・壱岐・北九州沿岸一帯に対する大規模襲撃事件である。「刀伊の入寇」については、右大臣にまで出世した藤原実資《さねすけ》の『小右記《しょうゆうき》』に詳しいので同書の記述を参考にする。

「賊船五十隻、長さ約二十メートル、櫂三～四十付け、一船に五～六十人乗船、陸上では刀を持つ者二～三十人が前衛となって、これに弓矢と楯を持つ者七～八十人が後衛として編制された集団が十～二十隊から成っている。壮年の男女を捕えて四～五百人を船に連れ込んで長期間にわたって所々で掠奪暴行を働いた」と記されている。このことから陸上戦闘員は最大に見積もって二千二百人となり、これに船に残ってこれを護衛したり、操船する者や医務従事者・飯炊き・予備兵力などを加えると総勢三千人ほどとなる。三千人が五十隻に分乗すれば一隻当たり六十人となって『小右記』に記された「一船に五～六十人乗船」とつじつまがあう。部隊編成などから判断して、かなり戦闘に慣れた集団であったことがわかる。司馬遼太郎は、韓国の元文化相李御寧《いおりょん》との対談で、「白村江の敗戦で百済の障壁がなくなった以上、新羅・唐の連合軍が日本に攻めてくる。どうしてそんなことを考えたのでしょう。防衛ヒステリーだとしか思えません」(『司馬遼太郎対話選集9　アジアの中の日本』文藝春秋・二〇〇六年)だと言っている。しかしその後、新羅賊徒の博多津来襲や「刀伊の入寇」、「元寇」など朝鮮半島から大小さまざまな襲来があったのである。

「刀伊の入寇」に対する朝廷の対応については、一〇一九(寛仁三)年四月十七日、内裏において公爵らが臨時の任官式を行っていた最中、大宰府からの急使が刀伊賊の襲撃を報告してきた。翌日になって、その対策が協議され、要所の警護、防御と神仏への祈禱が大宰府に司令された。賊が対馬を襲ったのは、三月二十八日であり、襲撃から二十日も経っていた。対馬は、島司以下全滅して、壱岐の防人たちが奮戦したけれども及ばず、大宰府に通報したのが四月七日だった。大宰府は、これを受けて権師《ごんのそつ》藤原隆家が追討指揮を取って奮戦の末これを撃退している。朝廷は、第一報（急報）が大宰府からもたらされた翌日になってから対策会議を開いている。また、戦闘終了後の勲功者に対する論功行賞会議において、大納言藤原公任《きんとう》と中納言藤原行成《ゆきなり》が、朝廷の追討命令が発せられた時点では、戦闘が既に終結していたので戦功には当たらないと意見を述べている。こうした、国家緊急時（戦争や大規模災害など）における、国家の対応は、今昔において大差のないことがうかがえる。

一三九二年：元高麗の武官であった李成桂《りせいけい》が下剋上（遼東攻撃軍司令官であった李成圭が駐屯地から軍を引き返して首都京城（開城）の政府を倒した）によって高麗王を廃位させて、明の冊封下に入って、高麗国事となって李氏朝鮮の創始者となる。李朝は建国時から明と関係が深く冊封関係は明の滅亡まで続けられる。儒教の朱子学を信奉し厳格な華夷秩序政策を採った。李朝から日本への朝鮮通信使は天皇にではなく、室町幕府の将軍に対して行われた。日本の実権は天皇ではなく将軍にあると理解していたようである。

十四～十五世紀にかけて：高麗・李氏朝鮮軍による倭寇対策とみられる対馬への攻撃が発生した。李氏朝鮮は、室町幕府に倭寇の禁止を求めており、幕府は明からも同様の要求を受けていた。

一五九二年と一五九七年：豊臣秀吉による「文禄・慶長の役」（壬申戦争）が行われた。明の征服を企図して、対馬の宗氏を介して朝鮮に服従と先鋒を求めたのが聞き入れなかったのだ。

一六〇九年：徳川家康政権に代わって、慶長条約（己酉《きゆう》約条）が結ばれ、朝鮮との交易が再開される。朝鮮通信使も再開された。

一六一六年：中国大陸に異民族国家「後金」が誕生した。異民族（夷狄《いてき》）による国家「後金」が中国に成立したことから、李朝において、かつての中華王朝の継承者は、自分が相応しい（小中華意識）との考えが芽生える。この頃から、華夷秩序世界に包含されていた極東の日本と李朝の間において軋轢《あつれき》が生じてくる。この軋轢は、中華王朝とは冊封関係（君臣関係）の本家であった朝鮮と、交易主体の朝貢であって隷属関係ではないとしてとらえていた日本の間における国家観（アイデンティティ）の違いによる。日本においては、奈良朝からすでに小中華的な意識が芽生えていたようである。従って日本側としては当然のこととして、朝鮮通信使を自国への朝貢使節であるとしてとらえたであろう。それが大中華の地に、かつては夷的であったモンゴル人や満洲人の国家が成立したことで、日本は朝鮮以上に、極東の本家たらんと勇躍したことであろう。

江戸時代初期になると儒教や大乗仏教を中心とした宗教家に代わって、林羅山、中江藤樹、山鹿素行、伊藤仁斎などの朱子学者、陽明学者、古学者が思想界に台頭する。また江戸中期から後期になると、荻生徂徠、賀茂真淵、本居宣長、平田篤胤などの国学兼思想家が出現する。日本における思想界のルネサンス期ともいえよう。山鹿素行の『武家事紀』や本居宣長の『馭戎慨言《ぎょじゅうがいげん》』などは、明らかに朝鮮通信使を朝貢使節とみなしている。また、吉田松陰や橋本左内などは日本の独立（国家保全）のためには、朝鮮半島の領有が必要であると説いていた。征韓論の源泉はすでにこの頃から湧き出ていたのである。

国民は、知識人（文化人）とみられる人物やグループの説く思想や言説に誘導されやすく、かつ熱しやすく、またさめやすい。従って国民は、次第に征韓論へと導かれ、硬化していったのである。この小中華思想の流れが増幅されて、幕末から昭和初期の皇国史観を経て、満洲における「五族協和」や「大東亜共栄圏」といった、大それた構想や理論形成へとつながっていくのである。

一八七三（明治六）年、征韓論に敗れた末に西郷隆盛ら国内残留組が下野して一年後、政府は台湾出兵、次いで翌年には江華島事件を誘発し、一八七六年二月二十七日、黒田清隆を全権大使として李朝鮮との間に日朝修好条約が強行締結される。黒田ではなく西郷が四年前に全権大使として渡朝鮮していたら、より穏健な外交で後の日清戦争もさけることができ、対華二十一カ条の過酷な要求も緩和され、中露を結託させることなくロシアの南下政策も緩和された可能性も考えられる。

欧米列強への防波堤としての共栄圏構想は、汎アジア主義（大アジア主義）であり、アジアが一体となって欧米に対抗するという考えである。その考え方の根底に、小中華（うぬぼれ）精神が存在しなければ歓迎されるべき共存思想といえよう。北一輝や石原莞爾が唱えていて、その思想のルーツは、江戸後期の経世家佐藤信淵《のぶひろ》にあるとされている。

特に、北一輝は、その著『日本改造法案大綱』において、中国の保全とインドの独立の必要性や言論の自由、基本的人権の尊重、華族制廃止、財閥解体など近代的な考えも述べている。構想を少し発展させれば、日本・満洲・中国の結合を中軸として、インドネシアを含む東南アジア一帯（欧州の植民地一帯）を日本の指導下において、経済的・文化的な共同体として組織しようとする考えである。すなわち、アジアを欧州の植民地から解放し、日本を盟主とする東アジアの新たな秩序を形成しようとする構想であり、単に資源確保のみが目的ではなかった。また、真の世界平和は、一超大国による一極覇権以外には考えられないとも述べられている。日本の指導下という条件が気になるところである。

「大東亜共栄圏」は、一九四〇年、第二次近衛内閣で唱えられ、同四三年東京で大東亜会議が開かれ、そこで「大東亜共栄圏憲章」が発表された。参加国は、中華民国、タイ、満洲国、フィリピン、ビルマ、インド、その他であった。会議では、互恵的経済発展や人種差別撤廃などが話し合われている。大東亜会議（バンドン会議や東南アジア諸国連合会議に匹敵）には、中国、満洲、フィリピン、ビルマ、タイ、英領インドの代表が参加している。同会議について軍部の多くは植民地政策の一環としてとらえ、外務省としてはアジア諸国の欧米の植民地からの脱却をめざす、構想実現に向けた会議の場であった。

本会議に参加した人物として、中国代表汪兆銘、韓国が金玉均、フィリピンがホセ・ラウレル、ビルマがバー・モウ、インドはチャンドラ・ボースなどがいた。ホセ・ラウレルは、第三代フィリピン大統領に就いていて、アキノ政権下では副大統領を務めている。バー・モウはアウンサンスーチーの父と共にビルマ（ミャンマー）の独立義勇軍を創設して日本軍と協力してラングーンを陥落させている。

しかし、その実践過程における日本側の国政（国家戦略）の拙さ（企画院と商工省の対立、外務省と軍部の方針の相異など）から、いつの間にか日中戦争に変わって、引き続き「大東亜戦争」という予期しない結論が導きだされたのである。従って理論上は、その後に起った第二次世界大戦や太平洋戦争は、本筋から派生した枝葉であったともいえよう。しかし、本末転倒の結果、導き出された「一億総玉砕」の帰結は、国家・国民の存在や命を「鴻毛《こうもう》の軽き置く」ということであり、最もあってはならない結論であった。国防会議（国家安全保障会議）が機能せず軍部主導の戦争指導がもたらした弊害である。国家崩壊は、昭和天皇の玉音放送による詔勅《しょうちょく》によって救われたのである。戦争のみならず、国家プロジェクトや万国博覧会、大規模な各種イベントなどが、竜頭蛇尾の様相を呈する傾向は、今日においてもなお散見されるところである。

ひとつ、溜飲《りゅういん》が下がる思いがするのは、ヘンリー・スコット・ストークス著『なぜアメリカは、対日戦争を仕掛けたのか』（加瀬英明・藤田裕行訳　祥伝社新書・二〇一二年）の中の一節である。

「日本は第二次世界大戦において、自国ではなく、大東亜共栄圏の国々に思いがけない恵みをもたらした。それまでアジア、アフリカを200年の長きにわたって支配してきた西洋人は、無敵であたかも神のような存在だと信じられてきたが、日本人は、そうでなかったことを人類の面前で証明してしまった。これはまさに歴史的偉業であった。また日本人は、帝国主義、植民地主義、人類差別に終止符を打つことを成しとげた。」

「日中戦争」は、太平洋戦争の始まる四年前（一九三七年）、既に開始されていたが、中国国内が統一されていなかったので「支那事変」や「日華事変」などと様々に呼称されてきた。一九四一年、米・英に対して宣戦布告した時点で、時の東条内閣が、日中戦争は今後、「大東亜戦争」と呼称することを閣議決定した。しかし、戦後ＧＨＱ（連合国軍最高司令官総司令部：実際は米軍）の占領下の日本において、使用を禁止されて、「太平洋戦争」の呼称を用いるように強制された。したがって「大東亜戦争」は、日本による呼称、太平洋戦争はアメリカによる呼称である。

日本の欧米世界への台頭（登場）によって、彼ら欧米人は東洋人に対する見方を変えさせられた。二十世紀以前は、世界は白色人種のものであった。思想も文化も経済も全てが彼らの所有にあった。しかし、日本の出現がこの考え方を覆したのである。一挙にはなされなかったが、その日本の日本国民の涙ぐましい努力は、東洋諸国やロシアの圧政に苦しむフィンランドやトルコにすむ人々の運命にも独立・独歩精神の芽吹きを植えつけたことは間違いない。

中露関係略史

中国とルーシ（ロシア）諸公国との関係は、十三世紀にさかのぼる。信頼に足りる資料は十四世紀にモンゴルによるルーシ諸国への侵攻に始まる。捕虜たちが元朝（モンゴル支配の中国）へ連行されている。歴史書『元史』によれば元号で「至順」元年（一三三〇年）、元朝へ連行されたロシア人捕虜たちが屯田兵として国境防衛と耕作の任務に充てられたと記されている。元朝政府は大都（北京）に屯田兵を管理する特別機構を設置し、彼らを親衛隊に入隊させている。元朝はモンゴル人の王朝ではあるが、中華文明下にあり、ロシア側からすれば露中関係と見なされたであろう。

一六一八年：コサックのイバン・ペトリンを団長とするペトリン使節団が中露関係を開設したとされている。

一六七五～七八年：ロシアのスパファリー使節団が、外満洲のアムール川流域への入植を要求するが拒否される。

一六八四年：清国の満洲軍によるロシア人植地への襲撃事件（清露国境紛争）が勃発する。

一六八九年：ネルチンスク条約を締結し、国境を画定する。ロシアはアムール川以南の領有権主張を取り下げた。本条約は清国とヨーロッパ諸国との最初のかつ対等の条約といわれている。ロシアがヨーロッパ諸国といえるかは疑問であるが。その後清国は、ヨーロッパ諸国によって不平等条約締結や港湾・都市租借を勝手にされることになる。

一七二七年：キャフタ条約締結。外モンゴルにおける支配領域を規定する。しかし中州（河南省）などは規定されず冷戦時代に国境紛争が発生した。

一八五一年：グルジア条約（通商協定）締結。不平等条約である。

一八五八年：第二次アヘン戦争でさらに弱体化した清王朝は、ロシアとの間にアイグン条約を結ばされ、沿海地方を含む満洲の主要部分をロシアに接収される。

一八六四年：カシュガル議定書によって、カザフスタンの中・露による二重冊封体制を終わらせ、以後ロシア帝国にのみ忠誠を誓わせることになった。

一九五〇年：ソ連と中ソ友好同盟相互援助条約を締結する。これは、日本及びその同盟国（特にアメリカ）との戦争を想定したものとみなされている。条約締結後には、ソ連が租借していた大連及び旅順が返還された。以後、ソ連の援助の下で復興を目指すことになる。中国にとって軍事上、ソ連の脅威は低減することになったが、対ソ依存度が増す結果となった。今日の中露関係と逆の状況である。

一九五八年：毛沢東が大躍進政策を開始し、農作物と鉄鋼製品の増産政策をはじめる。それによって二千万人から二億人以上ともいわれる餓死者を出して、政策は失敗に終わる（中華人民共和国大飢饉）。劉少奇が個人経営を一部認めるなどの政策改革を図る。台湾海峡で台湾との間に大規模な軍事行動を起こした。その際、アメリカが空母二隻を派遣してこれを牽制した。

一九六〇年頃：ソ連による経済技術援助条約が打ち切りとなる。

一九六四年：中国核実験成功。

一九六六年：毛沢東が文化大革命を提唱する。賛同する青少年によって「紅衛兵」が結成された。

一九六九年：中ソ国境のウスリー川の珍宝島（ダマンスキー島）で中・ソが軍事衝突する。

一九七一年：中国が国連加盟となる。

一九七六年：毛沢東死去。

一九七八年：鄧小平が政権掌握し、共産党一党独裁を維持しつつ、資本主義経済を導入する。この政策は、社会主義市場経済（鄧小平理論）と称した。

一九八九年：改革開放路線を推進していたにもかかわらず、失脚した胡耀邦の死を悼んで、民主化を要求する学生や市民が北京で百万人規模のデモ（天安門事件）を起こした。鎮圧軍によって数万人ともいわれる犠牲者がでた。一党独裁政策の弊害で官僚が腐敗し、共産党幹部が所有する工場で人民が奴隷同様に働かされている事例があった。

一九九〇年：江沢民政権下において、鄧小平路線による経済の改革開放が進み、世界の工場と呼ばれる程に成長する。

一九九六年：中・露の「戦略的パートナーシップ宣言」がなされる。

一九九七年：イギリスから香港が、一九九九年ポルトガルからマカオが返還され、「一国二制度」の下で経済の大きな推進役となった。

二〇〇一年：中露善隣友好協力条約締結。

二〇〇五年：「平和の使命二〇〇五」として中露は、山東半島で合同軍事演習を実施。

二〇一一年：中国のGDP（国内総生産）がロシアの四倍となって、ソ連時代の「兄弟関係」が逆転する。そのためにロシアにおいて中国との国境における脅威が増す。ロシアのクリミア侵略に伴って、ウクライナは空母「遼寧」に加えて、ロシアが中国へ売却しなかったスホイ戦闘機をも売却する。

二〇一四年：プーチンのクリミア編入宣言に対して理解を示した中国に感謝が表明される。それでも対中武器輸出においては、ロシア側に慎重姿勢がみられる。軍事と経済を切り離して考えざるをえないロシアの心情がうかがえる。中露関係はプーチンの有無に関わらず、ロシアにとっては政治と軍事のアンビバレンスをいかにバランスさせるかにかかっているといえよう。経済活動では対抗できないことは自明の理であるから。対米関係はもとより、対中国とも経済において対抗できないことは明らかであり、今後は軍事力に頼る以外にない。その結果、核武装戦略はロシアにとって必須条件となり世界の核軍縮は遠のく。一方中国は、体制さえ崩壊しなければ、超大国となって版図を広げ、ロシアをも包含した、かつての華夷秩序（パックスシニカ）を打ち立てる可能性も出てきた。

中米関係略史

アメリカと中国（清）との交易は、日本や西欧諸国に比べてかなり経験が浅いことが特徴である。アメリカにとっては、イギリスとの独立戦争が終わった頃から交易が始まったとされているものの、国家間の通商ではなく商人（個人）による交易が主であった。

一八四二年：イギリスと清間のアヘン戦争終結後、中国は南京条約によって多くの港湾をイギリスに開放・租借されることになった。この結果、中国におけるイギリスのみの権益や権限が増大することで、アメリカ商人たちの権利が圧迫されることになった。

一八四四年七月：第十代大統領ジョン・タイラーが中国との間で「望厦《ぼうか》条約」（清米修好通商条約）を締結した。中国マカオ近くの望厦村で締結された米中最初の条約は、もちろん不平等な条約であった。内容は、五港の開港、領事裁判権、関税協定権、開港場における土地租借権、家屋・教会の建設権をアメリカ側が獲得するものであった。

一八六〇年：英・仏と清とのアロー戦争の結果、北京条約によって、北京への英・米・仏・露の公使の駐留が認められた。日本は未だ局外に置かれている。アメリカやロシアは、戦争当事者ではないにも拘わらず参入している。

一八八二年：カリフォルニア州において「排華移民法」（中国人排斥法）が議会を通過し、中国人移民が投獄されたり、強制送還された。本立法は、カリフォルニア州においてゴールドラッシュが起り、採掘に伴う労働者として、中国から大量の移民が同州に流れ込んだことから設定された。

一八九九年：国務長官ジョン・ヘイが、清における通商権・関税・入港税などの平等及び中国の門戸開放に関する声明を一方的に発表した（門戸開放宣言）。翌年には、清国の領土保全の原則なども宣言する。さらに、中国の領土保全や行政的保全を求める通牒（書面）を関係各国に送り付けて了承を求めた。なお「宣言」とは、個人や団体・国家などが、自己の主張や考えを勝手に外部に向かって表明することで拘束力はない。これらの発言や声明は、中国との通商に遅れて参入したアメリカの逆転の発想といえる。すなわち、当時既に、中国の分割接収を進めていた欧州列強や日本とは一線を画し、自らを中国の独立と統一を擁護する盟主というイメージを内外に向かって高らかに宣伝したのである。このあたかも救世主的なアピールは、宣教師たちによる布教活動によって、より一層強められたのである。

一九一三年三月：ウィルソン大統領が就任すると主要国の中で最初に中華民国を外交承認した。ウィルソンは一九一五年一月、日本が対華二十一カ条を提出した際、門戸開放を侵害するものとして抗議し、一方的に不承認ドクトリンを表明する。その「勝利無き平和」演説の中の「十四カ条の平和原則」において、日本の大陸膨張の抑制とソ連の影響力の排除をうったえている。このイデオロギー的プロパガンダに煽られて、朝鮮半島や中国において民族自決を求める三・一独立運動（朝鮮）や五・四運動（中国）が起ることになっている。

こうしたアメリカの東アジア・太平洋構想は、ワシントン会議における諸条約において具体化される。すなわち「海軍軍縮条約」、中国に関する「九カ国条約」、太平洋に関する「四カ国条約」がそれである。これによって中国の門戸開放と米に有利な太平洋情勢を維持するワシントン体制が構築される。

一九三一年九月：満洲事変に際し、国務長官スティムソンが「不戦条約」（戦争禁止条約）を持ち出して、スティムソン・ドクトリンと銘打って世界に向かって表明した。ところが当時スティムソン本人は、ニカラグアや南米及びフィリピン植民地政策に直接関わって、帝国主義的な手法をもって内政干渉をしていたのである。

一九三七年：アメリカは中立法を改正して中華民国に本格的な支援を実施する。中立法とは、内乱状態にある国に対して、武器や軍需物資の輸出を禁止する法である。この法は、一九三五年にイタリアのエチオピア侵略に際して、自国（アメリカ）がこれに巻き込まれないように定められた法である。

一九四一年三月：ルーズベルト大統領は、一般教書演説で武器供与法の制定と「四つの自由」について訴えた。すなわち表現の自由、信仰の自由、欠乏からの自由、恐怖からの自由である。これに基づいて同年六月、中国に対する武器供与法の適用を決定した。明らかに「四つの自由」の本音はここにあったのである。今次大戦後、軍人・政治家であったハミルトン・フィッシュ三世は自身の著書で「大統領は、中立を守るため、和平実現のためといった枕詞で、宣戦布告の権利を得ようとした。また、中立法によって、対日禁輸やハル・ノートが行われたと」記している（青柳武彦著『ルーズベルトは米国民を裏切り日本を戦争に引きずり込んだ』ハート出版・二〇一七年）。彼は一九二〇〜四五年の間下院議員を務めている。

一九四三年：一八八二年に開始された中国系移民排斥法「排華移民法」が撤廃された。

同年十一月、ＪＣＳ（統合参謀本部）の覚書によると、「世界平和維持のためとして、南西太平洋、ボルネオ、日本列島、南サハリン、タイから中国北部と朝鮮半島に至る地域にアメリカ軍基地の設置案が提示されている」。これは、正にかつての中華帝国（パックスシニカ）の勢力圏であった。しかも日本が降伏する二年前に既にこの計画が作成されていたのである。東洋に置ける日本の存在を極小化するために、アメリカが仕組んだワシントン体制が成功した暁の、アメリカによる東洋征服構想が実を結んで、現在の在日及び在韓アメリカ軍の存在があるのである。しかし、そのために敗戦後の日本がドイツやウクライナの運命を逃れたともいえる。ベルリンの壁やポーランド分割、フィンランド化を経験しなかったことが日本にとって果たして良かったのかどうかは今後にかかっている。戦後アメリカに支配されたことはソ連のそれに優っていることだけは確かである。日本にとってアメリカの重要性は不変であるが、アメリカにとっての日本の価値は可変である。

諸戦争の態様

中世前期（七一八～一四九二年）：ヨーロッパでは神聖ローマ帝国が、イスラム王朝との間でレコンキスタ（国土回復運動）の戦いを繰り返していた。イスラム教徒に奪われた土地をキリスト教徒の土地に取り戻す戦いである。

中期に入るとイスラム教諸国から、聖地エルサレムを奪還する目的で、カトリック諸国が十字軍を編制して派遣する。中世前期、中期とも宗教戦争の様相を呈している。

・**百年戦争（一三三九～一四五三年）**：フランス王国対イングランド王国の王朝同士の争い。フランス王国の王位継承戦。

・**ユグノー戦争（一五六二～九八年）**：カトリックとプロテスタントの戦い。いずれの戦争とも主として宗教に伴う戦争である。

・**八十年戦争（一五六八～一六〇九年）**：オランダ独立戦争。ネーデルランド諸州のスペインからの独立戦争。

・**英蘭戦争（一六五二～七四年にかけて三次にわたる）**：オランダの東インド会社の実

力が、イギリス東インド会社を上回ったことから、イギリスによる海上支配をかけた戦い。イギリスが勝利し以降オランダの海上権力が衰退する。覇権戦争の様相。

・**インディアン戦争（一六二二～一八九〇年）**：北部アメリカにおける白人入植者とインディアンとの戦い。人種差別に伴う覇権争い。

・**アメリカ独立戦争（一七七五～八三年）**：アメリカにあるイギリスの植民地十三州と宗主国イギリスとの戦い。独立戦争。

・**ナポレオン戦争（一七九九～一八一五年）**：仏、デンマーク、ワルシャワ公国対英・露・墺・普など対仏大同盟との戦い。これまでの戦争は主として傭兵による小・中規模の戦いであったが、フランス革命によって国民国家が成立し、徴兵制が可能となって軍の規模が著しく大きくなる。それにともなって国家総力戦の傾向となって第一次世界大戦へとつながっていく。

・**独立後、日本同様に遅れて帝国主義化したアメリカの戦争**：米墨戦争（対メキシコ）、米西戦争（対スペイン）、米比戦争（対フィリピン）。いずれも植民地獲得戦争である。特に、米比戦争では、スペインからの独立を目指して戦っているフィリピンの指導者エミリオ・アギナルドに、勝ったら独立させてやると約束して、スペイン軍を攻撃させスペイン軍敗退後、約束を破って植民地化している。

・**日清戦争（一八九四〜九五年）**：第二次伊藤内閣時に行われた。大本営が設置され挙国一致体制がとられている。朝鮮国内の農民の蜂起による内乱に対して、朝鮮政府が宗主国清（中国）に軍隊の派遣を求め、清が軍隊を派遣した。これに対して日本は、天津条約（軍を派遣する時にはお互いに通知する）に基づき軍を派遣することになった。これが日清戦争の始まりとなった。この場合は、自国の治安を他国に委ねていた朝鮮が戦いの端緒を開いている。

・**日露戦争（一九〇四〜〇五年）**：第一次桂内閣時に行われた。ロシアの「露清満洲撤兵条約」違反による軍の増派に原因がある。イギリスとの日英同盟締結に際しては、伊藤博文がロシア外相との間で日露協商をちらつかせたために大分混乱している。伊藤を首班とする政友会を中心に政府批判が激しくなる。そこで桂内閣の政友会切り崩しが功を奏して、最終的に小村寿太郎の働き掛けによってイギリスとの間に日英同盟が締結される。小村寿太郎の働きかけが大きかったのである。挙国一致体制を取るために相当に混乱したようである。伊藤の恐露精神が大きく影響している。

・**第一次世界大戦**：一九一四年開始。オーストリア皇太子夫妻がセルビアの青年に暗殺された事件（サラエボ事件）を発端として、オーストリア＝ハンガリーがセルビアに宣戦布告した。実は前提として、三国同盟（独墺伊）対三国協商（英仏露）間の確執（にらみ合い）があった。裏に民族同士の対立や植民地獲得競争などがあった。国民国家（民主主義）が発達してきていたために、徴兵制によって大規模な軍編成が可能となり、産業の発展による殺傷兵器の発達も重なって国家を挙げての戦い（総力戦）となった。後にバルカン半島周辺はヨーロッパの火薬庫（すぐに火がついて爆発する）と呼ばれるようになった。日本戦争は、国家総力戦体制（戦時体制）下で行われた大規模戦争の先がけである。

同盟国＝独・墺・ハンガリー・オスマントルコ・ブルガリア

連合国＝英・仏・露・セルビア（後に伊・ギリシャ・ポルトガル・ルーマニア・アメリカが加わる）

戦場＝ヨーロッパが主戦場、他に東アジア、中東の植民地などがふくまれる。

・日中戦争〜大東亜戦争へ：一九三七年開始。

初期＝日本対中国の諸軍閥（私軍）との戦い。

中期〜終期＝日本対英・米・中華・蘭・豪・ニュージーランドとの戦い。主として日本対アジアに植民地を持つ国との戦いである。

戦場＝満洲から東アジア及び西南アジアの一部を含む。

本戦争は、初期における日中戦争と、中期〜終期にかけての日米英の戦い（太平洋戦争）を主とする準世界戦争に分けられる。なお、太平洋戦争は、三国同盟以降、第二次世界大戦に組みこまれることになる。

日中戦争のきっかけとなったのは、ヨーロッパにおいて第一次世界大戦が行われている間隙をついて、日本が中華民国に突き付けた「対華二十一カ条要求」にあるとされている。内容の概略は、山東省にドイツの持っている権益の日本への譲渡。ジュネーブ条約で認められた旅順大連の租借期限や満鉄及び安奉鉄道の権益期限を延長すること、製鉄所を日中合弁にすることなどが主なものであった。これに対する清国民衆の反発はあったものの、袁世凱政権は一部を除きこれを受諾した。それに対してイギリスは友好的な態度をとったが、ドイツは裏で日中の離間工作を謀っていた。それに乗じて袁世凱は、二十一カ条の要求をアメリカ公使やドイツ公使に公表し、対外に誇大に喧伝させるとともに、国内世論を沸騰させて反日感情を煽った。また、現地新聞のほとんどがドイツによって買収されることになっている。宣教師や排日派は日本軍の行為を針小棒大に喧伝し、撤兵を要求した。これを背景とした中国の対日排撃手法は、今日の原発排水処理問題や日本人スパイ摘発、靖国神社参拝問題などに絡めて今後も繰り返されるであろう。

アメリカは当初、先に述べた三点の要求に対する抗議の意図はなかった。英米とも満洲の権益は認めたが、青島市を含む山東省全体を満洲と同じように日本の勢力圏とすることには反対していた。

・**第二次世界大戦**：一九三九年開始。ドイツによるポーランド侵攻から始まって、ソ連・フランスへも拡大侵攻する典型的な領土拡大戦争である。今日のロシア＝プーチンのクリミア侵略・ウクライナ侵攻に当たる。ヨーロッパ正面は、同盟国（独・墺・伊）対協商国（英・仏・露）の戦い。東アジア・太平洋方面においては、日中戦争、大東亜戦争（太平洋戦争、一九四一年開始）が戦われた。英・独間は、帝国主義国家同士の戦い。独・ソ間はソ連の祖国防衛戦争。日・中間は民族解放を内包した帝国主義対民族自決の戦いといえようか。

枢軸国（三国同盟）＝日・独・伊対連合国＝英・仏・露（後に米・中華が参加）

戦場＝欧州戦線（独伊対英仏ソ米）、太平洋戦線（日対英米中華蘭豪ニュージーランド）

ウィルソン大統領の十四カ条の演説

一九一八年一月、アメリカ大統領ウィルソンが議会演説で表明した十四カ条の声明は、「秘密外交の禁止」、「経済障壁の撤廃」、「植民地問題の公正な解決」、「国際平和機構（国際連盟）の設立」などであった。この平和原則は、ロシア＝レーニンの「平和に関する布告」の講話、すなわち「無併合」、「無賠償」、「民族自決」に応じることを目的としている。いかにも世界の平和共存をうたった演説であった。しかし、第一次世界大戦の戦後処理についで行われたパリ講和条約は、結局米・英・仏の三巨頭による旧態依然とした重鎮による和平協定となった。そのために敗戦国ドイツに対する過酷な要求となって第二次世界大戦への誘因となった。また彼が提案した「国際連盟」の設置も自国の議会に認められずアメリカは未加入となった。ウィルソンの鳴り物入りの演説は、全く実効性のない画餅におわったのである。その理由は、ウィルソン考案の戦後処理案が、独断的で自国の世論や当時の国際世論をも理解していなかったことにある。そのために旧態依然とした重鎮による和平協定とならざるを得なかったのである。

第二次世界大戦の戦後処理に当たったルーズベルト大統領にしても、一方的にソ連の優位を認め、ドイツの米・英・ソによる分割占領、戦犯の厳しい処罰、安保理における大国の拒否権などが認められるものであった。また、東アジア（日本）に関しては、アメリカの強い要求でソ連を対日参戦に引き入れ、その代償に南樺太、千島のソ連帰属を決めている。当事国の中国抜きで、中国国内の列強による権益を勝手に決めたりもしている。しかも「日ソ中立条約」が未だ効力が継続されていたために秘密協定（ヤルタ協定）にしたのである。

対日講和条約の経緯

一九四五年七月：ポツダム会議開催。ドイツの敗戦前の戦後処理問題についての話し合いで、米・英・ソによる巨頭会談がもたれた。

同年九月：五大国ロンドン外相会議が開かれる。アメリカ主導による日本統治に関する話し合いであったが、米ソ間の論争で成立せず。

一九四六年六月：五大国パリ会議開催。特に進展なし。

同年七月：パリ講和会議が開かれる。講和条約草案の発表のみで、関係諸国の政情不安によって調印不成立。

同年十一月：五大国外相理事会がニューヨークで行われる。

一九五一年九月：五十三カ国が参加して対日講和会議（サンフランシスコ講和会議）開催。ソ連、ポーランド、チェコスロバキアの三国を除く四十八カ国で対日講和条約締結。日本の主権回復なる。（朝鮮戦争継続中）。サンフランシスコ講和会議は、調印のための単なる儀式にすぎず、アメリカのトルーマン大統領が和解とともに、「アメリカ国民は、パール・ハーバーを忘れない。両国の友好には努力が必要だ」と演説した。

ソ連のグロムイコ外相は、北京政府（中国）を参加させるように主張したがアメリカ代表が却下した。その内容は、「日本にはいかなる国の軍事基地も置かないこと、その代替として自衛に必要な軍備として地上軍十五万、海軍二万五千人程度を提案した」が却下されている。したがって、ソ連、ポーランド、チェコスロバキアは、本条約に署名しなかった。

中国は大陸の中華人民共和国と台湾の中華民国と並立していたために本条約には加わらなかった。インド、ビルマは、中国の代表権問題などで会議に不参加したために、日本との講和が遅れた。同日、日米は、場所を替えて密約で日米安全保障条約を締結している。

ロシア革命と日本共産党

一九一七年：ロシア＝ロマノフ王朝が倒壊し、マルクス・レーニン主義を基本とした社会主義国家が誕生した。しかし、やがて共産主義国家へと発展する。革命家トロッキーの『ロシア革命の擁護』演説によると「人間社会は、生存と種の維持のための闘争から成立した協同体である。社会の性格は、経済の性格によって規定される。経済の性格は労働手段によって規定される。支配階級が自発的、平和的に歴史から退いたことはない。理性の論理が力の論理にとって代わったためしはない。この世界を造ったのは我々ではない。現にある世界をあるがままに受け取るほかはない。したがって革命とは、社会体制の交代を意味する。蜂起（一揆）が進歩的階級によって支えられ、この階級が国民を引付られるかどうかにかかっている。革命にとって、大衆が事件に能動的に関わることが不可欠である。蜂起は、一階級の支配を打倒し、他の階級の支配を打ち立てるところまでいかなければならない」。

この考え方は、専制政治や一党独裁政治下においては、正しいといえる。しかし、進歩的階級と大衆（国民）とを区別している点や革命成就後の平等や社会体制についての具体的な言及がなされていないので革命の繰り返しを招くことになろう。また当初のマルクス・エンゲルスの思想から大分逸脱している。

現在の資本主義は、私有財産を認め、市場経済（自由経済）に任せられているので自由競争がおこる。そのために、格差が生じやすい。職業間の賃金格差、教育格差、出世の機会の格差などが生じる。一方社会主義は、企業が得た利益を国が管理し、国民の給料も会社ではなく国が管理する。国家が財産を管理するので、その分資本主義よりも経済的平等は得やすい。しかし、自由競争がなくなるために経済発展が低調になりやすく貧困に陥りやすい。すなわち、「清く貧しく美しく」といった生活になりやすい。共産主義は、全ての利益を皆で共有する。私有財産が認められない。自由競争も認められない。全ての人が等しく働き、等しく収益を分け合う制度。社会主義と似ているが、それをより徹底させた考え方である。社会主義同様に自由競争がなくなり、働く者も働けない人も同じ配分にしたら、社会保障の財源確保が困難となって、共産主義社会が成り立たなくなり革命を繰り返すことになる。ソ連の崩壊によってその考え方も崩壊した。

今日では、これらの考え方の利点を取り入れてそれぞれの思想を修正し、修正資本主義、修正社会主義、修正共産主義となって原理（元の主義主張）から発展させてきている。そのために自民党とその他の野党との区別が曖昧になってきて、議会制民主主義社会に緊張感がなくなり、議会活動をも不活発（マンネリ化）になって、議員が国民の重荷になってきている。これは議員にのみ責任があるのではない。国民に緊張感と責任感がないからでもある。議員の尻を叩いて仕事をさせたり、その任に相応しくない者は選出しないことや必要なら弾劾をするなどお互いに緊張感をもって対することが必要である。選挙を棄権することは国民であることの放棄であり、為政者の緊張感とやる気を削ぎ、国家をも堕落させる。

一九一九年：ロシア革命の成功に伴って発達したコミンテルン（共産主義インターナショナル：各国共産主義政党の国際統一組織）は、欧米諸国において階級闘争が内乱（蜂起）の局面に達しているとの認識のもとに、社会主義との絶縁、民主集中制の採用と共産党への党名変更を求めた。レーニンが世界革命を目指すとともに反帝国主義の観点から民族自決を重視し、植民地や従属国の解放運動を革命勢力と位置づけた。

コミンテルンが東アジアの民族解放運動で最大のターゲットにしたのは日本であった。アジアにおける後進の帝国主義国家で、資本主義国家であって、しかも労働者階級が成長し、革命の条件が成熟しているとみられたからである。ロシア革命の成功によって、日本にロシアが労働者の天国だと信じた多くの知識人たちがいた。戦後の、金日成＝北朝鮮を天国と信じたように。

一九二二年：コミンテルンは、前年開催のワシントン会議に対抗して、モスクワやペテログラードにおいて、日本、朝鮮、中国、モンゴル、インドなどの代表が参加した国際会議「極東諸民族大会」を開催した。会議では、日本革命の成否は、中国や朝鮮の命運を握るという結論に達した。日本からは、片山潜、田中運蔵、徳田球一ら十一名ほどが参加している。会議上、議長報告で「日本の革命なしには、極東におけるいかなる革命も、重要でない地方的な事件に過ぎないだろう」とされている。

日本共産党は、一九二二年の結党以来百年を超える歴史をもつ政党である。しかし、今日に至っては、連合政権を考慮しなければ万年野党の位置を甘受せざるを得ない状況下にあるといえる。結党以来、転向者や離党者を多数生み出してきた。各国の共産党もロシア共産党主導のコミンテルンの支部として結成されたけれども、それぞれ独自の道を歩みはじめている。中国の台湾問題や核開発などの問題にからむ、ソ連との確執に伴う社会党や総評（日本労働組合総評議会）との対立。キューバ危機に対するフルシチョフの姿勢を弱腰と批判した中国に寄り添ったこともあった。しかし後に離反する。毛沢東のプロレタリア文化大革命やインドネシアのクーデター（スハルトによる五十万人以上の虐殺）におけるインドネシア共産党の関与と、それに対する毛沢東による示唆が、日本共産党にもなされていたこと。また、一九六六年の宮本書記長を団長とする代表団の中国訪問時の、毛沢東の武力革命主義表明などによって次第に独自路線へと転換して今日に至っている。

クーデターと騒乱

フランス革命後にヨーロッパに広まった国民皆兵と国民第一主義（国民国家）の進展に伴って、支配階級と被支配階級の区分が明確でなくなってきた。これまで被支配者とされてきた大衆が祖国に命を捧げる無数の人々を産み出すようになってきた。日本においても明治維新後、武士階級が消滅し、国民国家が誕生し、国政が国民の意志を大きく反映するようになってきた。それが日露戦争後のポーツマス条約の結果に対する「日比谷焼打ち事件」などとなって表れてきた。本事件は、騒乱に区分される。

井上日召《にっしょう》を盟主とする血盟団（民間人）事件と海軍青年将校たちが一緒になって起こした「五・一五事件」は、国政改造を目的としていた。当時の農村の極度の疲弊、貧困、労働者の大量失業、中小企業の倒産の激増、汚職の横行から国民を救うという高邁な目標を掲げていた。社会主義の発展に伴う大正デモクラシーの反映でもある。青年将校たち軍人も加わったが、民衆（空気：世論）によって起こされた事件であって、かつてのヨーロッパ型の軍国主義（軍部や権力者主導）によるクーデターではない。

また、青年将校二十名、下士官八十八名、兵一三五七名によって起された二・二六事件は、当初陸軍大臣告示で「諸子ノ行動ハ同体顕現ノ至情ニ基クモノト認ム」とされた。高度な国防国家の実現を目指す「統制派」と、君側の奸を排除した一君万民を理念とする「行動派」の国家構想（国の在り方）をめぐる軍部における構想の確執はあったが、このことが主因とはいえない。根本にはやはり当時の社会主義思想（空気）の影響が大きい。農家出身の青年将校を主体とするものであり、純粋な軍事クーデターとはいえない。五・一五事件の規模が大きくなった事件ともいえる。また共産主義インターナショナル（初期グローバリズム）運動の余波に翻弄された一九五九年の安保闘争から始まる共産党、学生、市民を巻き込んだ一連の運動や事件（べ平連、東大安田講堂、よど号、浅間山荘、ダッカ事件）と軌を一にする事件ともいえよう。

あとがき

歴史についての解釈は、各人各様であろう。あって当然である。その故に人類は生き延びて歴史に参入し、歴史を作ってきたのである。そうでなければ自分や自分たちがしでかした事に責任を感じて縊死して滅亡したであろう。ダイナマイトを作り出したノーベルや核爆弾や水爆を開発したオッペンハイマーやテラー、さらには化学兵器を開発した多くの科学者たちは責任を感じて自ら命を絶ったであろうか。否である。ならば人類にとってエポック・メーキング（画期的）な業績を残したごく一部の者にのみ歴史は語りかけてきたといえるのだろうか。否である。責任の取り方の有無に関わらず平等に語り掛けてきたといえよう。

「死の商人」と揶揄されたノーベルにとって、ダイナマイトが戦争に使用されることは想定内であり、むしろ破壊力の大きな兵器は戦争抑止力として働くと考えたのかも知れない。「水爆の父」とされたテラーは、水爆をマイベイビーと呼んでいる。トルーマン大統領は、オッペンハイマーを泣き虫と評した。何故なら彼が、大統領の面前で「大統領、私は自分の手が血塗られているように感じます」と言ったからである。人間の思考は、様々あって、それによって構成される国家もまた、それぞれである。願わくは、独善的思考に陥って、自分のみならず国家・社会をも巻き込む人物の登場だけは避けたいものである。

ジョージ・ケナンの著『核の迷妄』（社会思想社・一九八四年）の中に、「我々がそれについて話している文明は、われわれの世代のみの所有ではない。我々はその所有者ではなくて、単に保管者である。われわれがそれを達成したのではなく、ほかの者たちが達成したのだ。われわれはそれを受け継いだのだ」とある。

必ずしも宗教家に限ったことではないけれども、宗教が今日ほど俗化していなかった頃の宣教師たち、あるいは、遙か天竺や唐《から》から命がけで布教のために倭国（日本）にわたってきた僧侶たちには、確かに在ったであろうと思えるボーケイション（天職）への使命感、その中にこそ、歴史と個人との融合（一体感）が感じとれるのではないか。だからこそ人類にとって、ルターやカルバンの出現が意味をもってくると言えるのである。彼等は人間界の哲学や科学と神（信仰）との仲立ちを果たそうと努力したのである。

一九六八年十二月十日、日本人の作家として、初めてノーベル賞を受けた川端康成は、ストックホルムにおいて「美しい日本の私」と題して授賞記念講演を行った。これに対して二番目に受賞した作家大江健三郎は、その著書『あいまいな日本の私』（岩波新書・一九九五年）において次のように述べている。川端さんの演説は、道元と明恵という「禅宗の歌」を引用することから始まっていました。それは次のようなものです。「私は、これを（禅宗の歌を）自然、そして人間に対する、あたたかく、深い、こまやかな思いやりの歌として、しみじみとやさしい日本人の心の歌として、人に書いてあげています」と。これに対して氏は、それらの歌は、言葉による心理表現の不可能性を主張している歌なのです。閉じた言葉。その言葉がこちら側につたわってくることを期待することはできない禅の歌。過去にさまざまな辛い記憶をもつ人間として、私は川端と声をあわせて「美しい日本の私」ということはできませんと。また、戦後文学者たちの努力は、アジアにおいて軍隊が犯した非人間的な行為を痛苦とともに償い、その上で和解を、心貧しく求めることでした。さらには、スピノザの著『修理屋』から引用して「国家が人間性質にとっていとわしい（いやな）やり方で行動する場合には、その国を滅ぼす方が害悪が軽微で済む」とも述べている。

また、浅沼稲次郎を刺殺した山口二矢（十七歳）をモデルにした作品「政治少年死す（「セヴンティーン」第二部）」（「文學界」一九六一年二月号初出）では、少年の行為を自慰行為（マスターベーション）ととらえ、激しい嫌悪感をしめしている。なお少年は、浅沼に個人的な恨みはないが、日本国の共産化阻止と彼の訪中時における「米帝国主義は日中共同の敵」との発言に対する強い危機感から事件に及んでいる。事件後、獄中に首を吊って自裁（自ら罰する）している。

さらには、氏は、「防衛大学校は、ぼくらの世代の恥辱だと思っている」とも語っている。二人は共に日本人としての誇りや日本人特有の憐れみの情をもちつつも、歴史や国家に対する考え方に大きな違いをみせている。世代の違い、或いは受けた教育（東大国文科と仏文科）の違いもあろう。しかしそれだけではない何かもっと大きな理由があるのではないかという気がしている。

川端康成のいう禅は、インド仏教の般若や空の思想を元に中国の老荘思想によって昇華され、人間の本性の直観的な把握を主張するものであって、思索（理屈）よりも先に情操を重視する。西行法師の『西行上人集』にある「なにごとのおはしますをば知らねどもかたじけなさに涙こぼるる」がそうである。宗教的であり哲学的なものが、思想としてではなく感覚として情操に訴えられる。それは「もののあわれ」となって優雅、悲壮、憐憫の情へと発展する。これは家族主義の原点ともなり、ナショナリズムへもつながるものである。

一方、この感覚が思索を前提とする大江健三郎の心に響かないのは当然であろう。思索の末に、スピノザの著『修理屋』にある「国を滅ぼす方が害悪が軽微で済む」となって、かつてのロシア共産主義インターナショナルの思想と同様革命によって国家を滅ぼし、新たな国家を創り出すことになる。ただし、この行為は、再び革命によって繰り返される運命にある。国家と自分とを切り離して考えることのできる人であり、アナーキズムへもつながるものである。どちらがより人間的か、或いは日本人的かはそれぞれ個人に帰する。

ここに戦後、GHQ（連合軍最高司令官総司令部、実態はアメリカ軍）が、占領下の日本において実施したとされる洗脳工策に関する文書の存在がある。WGIP（ウォー・ギルト・インフォーメーション・プログラム）の存在である。その目的は、日本人を再教育をするための積極的政策であって、一九四六年一月八日、承認されて実施に移されている。内容は、日本人の心に罪とその根源に関する自覚を植え付けるために、アメリカとの戦争を軍国主義者と日本国民との戦いにすり替えるというものであった。要は、長崎、広島の原爆投下や、東京、大阪など大都市への無差別攻撃も、全て日本の軍国主義者が悪かったからであって、あなたたち（国民）は悪くないという思索からくる感情を植え付けようするもの（洗脳）である。

また「ノーマン・ファイル」（分類番号ＫＶ２／３２６１）によると、戦後ＧＨＱの通訳で日本共産党を支援していたエドガートン・ハーバート・ノーマンは、共産主義者で中国共産党が日本人民解放連盟（日解連）を通じて日本人捕虜の洗脳工作を行って成功したとしている。なおノーマンは在日カナダ宣教師の息子で、軽井沢に生まれた。ケンブリッジ大学では、学生運動にのめり込んで共産主義組織で活動し、日本においては、学友を社会主義活動に誘っていた。最後はソ連のスパイ容疑を受けて自殺している。

こうした一連の時代背景と戦後教育が、根は同じの二人の日本人ノーベル文学賞受賞者を全く別人に育てあげたのではないかという思いがふと頭をよぎった。

誰かがやらなければならない。しかし自分ではない。そのうちに誰かがやってくれるだろう。その誰かを無意識にしかも無邪気に信じている自分が居る。それが責任のがれの最も卑怯な行為であるとも自覚せずに。

そこには、今次大戦の終期にあたって、勝つ見込みのない戦況下に、若き特攻隊員を送り出した上官と隊員との関係が如実に表れている。むなしく戦禍に散ったそのうら若き隊員たちの心情をはかることもできなかった、いやできたけれども周りの空気がそうだったとした上官も実は同じ平民（国民）の出であったのだ。明治維新は、武士階層をなくし、日本人を全て平民化した。エリート官僚ともいえた武士階層の精神を一般大衆化してしまった。それが今日のグローバリズムの進展によって民主主義の爛熟を招き、ナショナル・エコノミーの停滞となった。個人における国家観の希薄と人生への退屈をも招く結果ともなった。文化の芽にこそ文明の大樹は育つであろう。歴史を学ぶとは、守るべき文化と是正すべき現状（文明）を見極める力を養うことにあるといえよう。すなわち、自助（文化）なくして利他（文明）なしといえる。

グローバリズムに流されつつある日本。その現状の日本にあって川端康成の心を持って、この私は「美しい日本の私」といえるであろうか。

【装幀・本文組版】
星島正明

稲田寿太郎（いなだ・じゅたろう）

昭和22年　鹿児島県大島郡瀬戸内町清水生まれ
38年　瀬戸内町古仁屋中学校卒業
陸上自衛隊少年工科学校入校（横須賀市武山駐屯地）
41年　神奈川県立湘南高等学校（通信制）卒業
47年　青山学院大学英米文学科（夜）卒業
海上自衛隊幹部候補生学校入校（広島県江田島）
51年　海上自衛隊対潜哨戒機部隊及び幕僚勤務
平成14年　退官
15年　東京海上日動火災保険（株）就職
23年　退職

日本への鎮魂譚としての外史

2024年10月2日　第1刷発行

著　　者　稲田寿太郎
発 行 者　赤堀正卓
発行·編集　株式会社産経新聞出版
〒100-8077 東京都千代田区大手町1-7-2 産経新聞社8階
電話 03-3242-9930　FAX 03-3243-0573
印刷·製本　株式会社シナノ
電話 03-5911-3355

ISBN978-4-86306-182-8 C0095
